国家最高科学技术奖获得者书系

科技是国家强盛之基
创新是民族进步之魂

国家最高科学技术奖
获得者书系

袁隆平的故事

邓湘子　谢长江 ◎ 著

时代出版传媒股份有限公司
安徽少年儿童出版社

图书在版编目(CIP)数据

袁隆平的故事 / 邓湘子,谢长江著. —合肥:安徽少年儿童出版社,2015.3
(2024.1重印)
(国家最高科学技术奖获得者书系)
ISBN 978-7-5397-7612-5

Ⅰ.①袁… Ⅱ.①邓…②谢… Ⅲ.①袁隆平-生平事迹-青少年读物 Ⅳ.
①K826.3-49

中国版本图书馆 CIP 数据核字(2014)第 255844 号

GUOJIA ZUI GAO KEXUE JISHU JIANG HUODEZHE SHUXI YUAN LONGPING DE GUSHI
国家最高科学技术奖获得者书系·袁隆平的故事 邓湘子 谢长江 著

出版 人:李玲玲	策 划:何正国 阮 征	责任编辑:白利峰 陆莉莉
责任校对:吴光勤	装帧设计:潘 易	责任印制:郭 玲

出版发行:安徽少年儿童出版社　E-mail:ahse1984@163.com
　　　　　新浪官方微博:http://weibo.com/ahsecbs
　　　　　(安徽省合肥市翡翠路 1118 号出版传媒广场　邮政编码:230071)
　　　　　出版部电话:(0551)63533536(办公室)　63533533(传真)
　　　　　(如发现印装质量问题,影响阅读,请与本社出版部联系调换)
印　　制:阳谷毕升印务有限公司
开　　本:635mm×900mm　1/16　印张:8.5　插页:4　字数:100 千字
版　　次:2015 年 3 月第 1 版　　2024 年 1 月第 3 次印刷
ISBN 978-7-5397-7612-5　　　　　　　　　　　　　　　定价:29.80 元

版权所有,侵权必究

★ 国家最高科学技术奖 ★

国家最高科学技术奖于 2000 年设立,是中国科技界的最高荣誉。国家最高科学技术奖授予在当代科学技术前沿取得重大突破或者在科学技术发展中卓有建树,在科学技术创新、科学技术成果转化和高技术产业化中创造巨大经济效益或社会效益的科学技术工作者。

国家设立国家最高科学技术奖奖励委员会,聘请有关方面的专家、学者组成评审委员会,负责国家最高科学技术奖的评审工作。每年获得国家最高科学技术奖的科学技术工作者不超过两名。

国家最高科学技术奖报请国家主席签署并颁发证书和奖金。奖金数额由国务院规定,为 500 万元。其中 450 万元由获奖者自主开发选题,用作科研经费;其余 50 万元归获奖者个人所得。

历届国家最高科学技术奖获奖名单

2000年　　吴文俊：数学家，中国科学院院士、第三世界科学院院士

　　　　　袁隆平：杂交水稻育种专家，中国工程院院士

2001年　　王选：汉字激光照排系统创始人，中国科学院院士（学部委员）、中国工程院院士、第三世界科学院院士

　　　　　黄昆：物理学家，中国科学院院士（学部委员）、第三世界科学院院士

2002年　　金怡濂：高性能计算机领域的专家，中国工程院院士

2003年　　刘东生：地质学家，中国科学院院士、第三世界科学院院士

　　　　　王永志：航天技术专家，中国工程院院士

2005年　　叶笃正：气象学家，中国科学院院士

　　　　　吴孟超：肝脏外科专家，中国科学院院士

2006年　　李振声：遗传学家，中国科学院院士（学部委员）、第三世界科学院院士

2007年　　闵恩泽：石油化工催化剂专家，中国科学院院士（学部委员）、中国工程院院士、第三世界科学院院士

　　　　　吴征镒：植物学家，中国科学院院士（学部委员）

2008年　　王忠诚：神经外科专家，中国工程院院士

　　　　　徐光宪：化学家，中国科学院院士（学部委员）

2009年　　谷超豪：数学家，中国科学院院士（学部委员）

　　　　　孙家栋：运载火箭与卫星技术专家，中国科学院院士

2010年　　师昌绪：材料科学家，中国科学院院士、中国工程院院士、第三世界科学院院士

　　　　　王振义：血液学专家，中国工程院院士

2011年　　吴良镛：建筑与城乡规划学家，中国科学院院士（学部委员）、中国工程院院士

　　　　　谢家麟：加速器物理学家，中国科学院院士（学部委员）

2012年　　郑哲敏：力学家、爆炸力学专家，中国科学院院士、中国工程院院士

　　　　　王小谟：雷达工程专家，中国工程院院士

2013年　　张存浩：物理化学家，中国科学院院士（学部委员）、第三世界科学院院士

　　　　　程开甲：核武器技术专家，中国科学院院士（学部委员）

2014年　　于敏：核物理学家，中国科学院院士（学部委员）

Contents 目录

导语   1

第一章   好奇好动的男孩   4

第二章   开拓成长的视野   13

第三章   立下志向要学农   21

第四章   走出课堂找答案   27

第五章   大饥荒的启示   33

第六章   要解世界难题   40

第七章   艰难挫折中的坚持   52

第八章　实验中的克难攻艰　　　　　61

第九章　迎来成功的曙光　　　　　　76

第十章　播撒幸福的金种子　　　　　94

第十一章　不断在探索中超越自己　　106

第十二章　把福音传给世界　　　　　119

导　语

　　人活着，就要吃饭。
　　自古以来，饥饿一直威胁着人类，大规模的饥荒时有发生。比如，公元10年至1846年，英国发生饥荒201次。19世纪中叶，爱尔兰大饥荒，导致人口减少250万。1896年至1897年，印度大旱灾导致大饥荒，500万人被饿死。苏联曾经历过两次严重的饥荒，一次发生在1921年至1923年，另一次发生在1932年至1934年，饿死人数均在500万左右。中国在公元前108年至1911年，发生过1828次饥荒。直到1960年前后，中国还经历了"三年困难时期"，造成全国性的大饥荒。
　　著名作家刘震云的小说《温故一九四二》，反映了发生在中国的一场悲惨的大饥荒。从1941年起，中原大地上的河南出现旱情，田地收成大减产，有些地方甚至绝收，缺粮少吃的农民只能吃草根、树皮。到了1942年,旱情更加严重,草根几乎被挖完,树皮几乎被剥光,大量灾民饿死,许多地方出现了"人相食"的惨状。饥饿、寒冷,加上日本鬼子惨无人道的炮火,使1000万以上的人口流离失所,300万人被饿死。

著名导演冯小刚根据刘震云的这部小说拍摄的电影《一九四二》,让那些可怕的饥饿情景呈现在观众的眼前。电影里的女主角花枝,为了让两个孩子活命,只得把自己卖了。如果是在正常的年代里,母子骨肉分离肯定会撕心裂肺般难受,但在那个饥饿的年代,目睹了那么多人死亡,活下去是最重要的。花枝把自己卖了,希望换来小米能让孩子们活下去。她竟然那么冷静,连悲伤都显得多余,深沉的母爱以一种残酷的方式表达出来。电影中这样带着绝望的场面和震撼心灵的细节,让许多观众印象深刻,看着心里特别堵,眼泪却流不出来。

饥饿并没有远离今天的人们。当今世界上,仍然有约8亿人口生活在饥饿的威胁之中。在发展中国家,每5个人中就有一个长期营养不良,处于半饥饿状态。每年有约500万儿童因饥饿和营养不良而夭折。缺粮最严重的国家,是那些人口增长速度快的国家。

人类与饥饿进行斗争,主要有三种方式:一是运用科学手段——改良作物的品种,提高产量;二是依靠粮食援助——联合国世界粮食计划署是全球最大的人道主义救援机构;三是实行计划生育——如马尔萨斯、马寅初的人口理论,都高度关注人口增长与粮食危机问题。

运用科技手段,提高粮食产量,是人类农业史的主旋律。世界上三大粮食作物,都是经过农业科学家改良创新而大幅度提

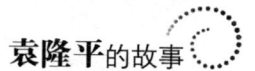

高了产量。

美国农业科学家亨利·华莱士于1913年开始进行玉米杂交实验,于1923年获得成功,他赢得了"玉米杂交之父"的美誉。

美国遗传学家博洛格于20世纪四五十年代进行小麦杂交研究并获得成功,拉开了世界农业"绿色革命"的序幕,他得到了"小麦杂交之父"的美称,并获得诺贝尔和平奖。

中国农业科学家袁隆平于1964年开始进行水稻杂交实验,于1973年获得成功,在国际上享有"杂交水稻之父"的盛誉。

第一章

好奇好动的男孩

1930年,一个小男孩出生在北京协和医院。他是家里的第二个儿子,父母给他取的小名叫二毛,大名叫袁隆平。他的父亲祖籍江西省德安县,当时在北京的平汉铁路局担任秘书工作。

小时候,袁隆平特别好奇,什么都喜欢玩,什么都想摸一摸。四五岁时,看到木匠师傅把几个铁钉叼在嘴里,然后一个一个取下来钉,他感到很好玩,模仿木匠把钉子叼在嘴里。

妈妈说:"钉子不能咬在嘴里,要是摔倒了,钉子会弄伤你的。"他调皮地做一个鬼脸,把钉子吐到手上,收到裤袋里。可是过了一会儿,又把钉子叼在嘴里玩。

他5岁那年冬天,一家人从北京坐火车到了武汉,准备回江西老家过春节。他们在武汉乘上了南行的船,袁隆平和弟弟闹着玩着,嘴里还叼着两个钉子。忽然,他不小心在船舱里跌

4

倒,把含在嘴里的铁钉吞到肚子里去了。

"你看,这回够你受的了。"父母心里非常着急,只好带着孩子们返回汉口,到袁隆平的姨妈家里为他采取紧急措施。

姨妈还真有办法,炒了一大碗韭菜,让袁隆平吃下,还让他吃了几根香蕉。第二天,铁钉被拉了出来,大家才松了一口气。不过,全家人都不能回江西老家过年了。

1936年秋季,袁隆平的父亲被调到汉口工作,全家人从北京搬到长江边的汉口来了。这时袁隆平已经6岁,在汉口扶轮小学上学。

星期天,袁隆平喜欢到姨妈家去玩,两家离得不远。过春节时,他和小朋友跟姨妈一起玩扑克牌,居然赢了姨妈的钱,一溜烟地跑没了影,请同学看电影去了。他喜欢看电影,是一个小电影迷。

袁隆平在扶轮小学只上过一年学,但有着一次非常难忘的经历。有一天,他和同学们排着队,跟老师去参观一个私人办的园艺场,那真是一个美丽的地方。

走进园艺场,袁隆平和同学们的眼睛一下子变亮了。

"哇,这么多的果树,果子长得真好……"同学们兴奋得叫起来。

"瞧,桃子红红的,又大又好看,一定很好吃!"

"哟,葡萄一串一串的,真好看。要是熟透了,肯定特别好吃!"

"这里的花也开得特别好啊!"同学们感到格外新奇和兴奋。

袁隆平和同学们一边欣赏,一边议论。他的脑子里浮想联翩。不久前,他看过卓别林演的电影《摩登时代》,电影里有许多难忘的画面:奶牛的奶一挤就出来了,葡萄一伸手就摘下来了。他觉得眼前这个果园,就像电影里的画面那样美,那样神奇。

他又想起了《西游记》里王母娘娘的蟠桃园,那些成熟的桃子,真像孙悟空大闹天宫时吃的仙桃。

"老师,这里的果树和花朵,为什么长得特别好?"一个同学问。

老师说,园艺场里的各种果树,都是因为经过技术人员的精心栽培,果子才结得又多又好吃,花儿才开得特别美。

袁隆平一直生活在大城市里,这是第一次看到生产水果的地方。对他来说,参观这个园艺场,真是一次难忘的奇妙经历,印象特别深刻。

他想,如果长大了,能做像魔术师一样的果园技术员,让各种果树结出的果子好看又好吃,那该多好啊。

他童年的心灵天空上,升起了一道美丽的彩虹;他的心灵深处,埋下了一颗梦想的金种子。

1937年7月7日,日本鬼子制造"卢沟桥事变",全面发动对中国的侵略战争,随即攻陷北京、上海。

日寇的侵略战火迅速向中国腹地蔓延。1938年秋,日本鬼子逼近武汉。袁隆平一家人和许多中国普通老百姓一样,被迫踏上了漫长而艰辛的逃难旅途。许多逃难的人都是靠两条腿走,拖儿带女,背着布包,疲劳奔波。袁隆平一家七口人,租了一条小木船,坐在船上逆长江而上。

风大浪急,船夫们吃力地摇着木桨,船如乌龟爬行,一天只能行进三十几里。走了20多天,才到达湖南桃源。

袁隆平那时还不太懂事,刚开始坐在船上时,他觉得挺新鲜,和弟弟追追打打,玩得非常开心。有一次,他被弟弟推了一把,往后退了几步,收不住脚步,"咚"的一声掉到江水里。他不会游泳,像个秤砣一样直往水底沉去。

弟弟吓得大叫。大人们听见呼救声,立即钻出船舱来。看到袁隆平已经被一个在岸边洗菜的当地农民救了上来。他的全身湿透了,衣服和头发都水淋淋的。

大人们给袁隆平换上干净衣服,叫他不要和弟弟在船上追打了。可过了一会儿,他又照样在船头快乐地玩开了。

天空中不时掠过画着日本膏药旗的轰炸机,追着逃难的人群扫射、投弹。饥饿和死亡威胁着这些无家可归的逃难者。

逃到桃源的第二天中午,他们突然听到警报长鸣。原来是日本轰炸机结队飞来了。袁隆平一家挤在逃难的人群里,躲在石拱桥下。

日本飞机丢下燃烧弹和炸弹,桃源县城立即乱成一片,爆炸声声,火光冲天。

敌机离去后,袁隆平跟着老船工到街上去,看到县城在空袭后变成了一片废墟,街上躺着被炸死的人,真是惨不忍睹。

老船工气愤地说:"这是日本强盗犯下的罪行啊!"

随身带的食物已经吃完,要买一点能吃的东西都十分困难。

全家人继续坐着木船,艰难地逆沅水而上,准备逃到湘西沅陵去。半途中,船走不动了。由于到了冬季,沅水变浅了,不能行船,他们只好返回洞庭湖。

逃亡路上充满困难、辛酸和危险,袁隆平觉得越来越不好玩了。

天气冷起来了,缺少吃的东西,路途越来越艰难。袁隆平和弟弟有时问:"妈妈,我们还要走多久?要到哪里去?我们想回家。"

孩子的问题让大人感到茫然和沉痛。他们逃出不久后,武汉就在炮火中被日寇占领了。湘西沅陵的水路不能走,父亲决定带着全家逃到重庆去。

1938年春节前夕,袁隆平一家人坐小船抵达湖北宜昌。农历除夕夜,一家人聚在江边的木船上。没有欢乐的爆竹声,没有张灯结彩的过年气氛,没有丰盛的年夜饭,耳边只有呼啸的北风,脚下只有滔滔的江水。

往年过春节,多么高兴啊。可是,在逃难的木船上,在寒冷的江风里,父亲满脸愁苦,母亲暗暗叹息,一家人心中都感到茫然和悲伤。无忧无虑的袁隆平,感受到了国家危亡、山河破碎的苦难。

春节过后,一家人继续坐着小木船,在长江滚滚波涛中艰难地逆水行进,颠簸了无数个日日夜夜。1939年春天,他们历尽千辛万苦,经过数千里跋涉,终于抵达了大后方重庆。

他们租住在长江南岸的一座民居里,门牌号为周家湾狮子口龙门浩27号。

一家人安顿下来,母亲把凌乱的院子收拾得整整齐齐,种上花草,小院子里一天天地充满了生机。

袁隆平在逃难的路上中断了学业,到了重庆后,他重新背上书包,插班进了离家不远的龙门浩小学。他的弟弟上一年级,两个人每天结伴同行。

没几天，袁隆平就结识了许多新伙伴。同住一条街上的同学家里，有开茶馆的，有做木工活的，也有开杂货铺做小生意的。那些地方，袁隆平很喜欢去玩。课余时间，他和伙伴们一块打石头、捉迷藏、玩花灯、吃甘蔗、到茶馆里听评书、爬山、去私人牧场骑马。

袁隆平精力充沛，玩起来劲头十足，常常玩得精疲力竭才回家。刚穿了一天的衣服，玩得皱巴巴的，常常裤头翻卷，裤脚卷起。回到家里，皮鞋只解开一只，另一只鞋带打了死结，他也懒得解。一只脚穿着皮鞋耷拉在床外，人倒在床上呼呼大睡。

好玩好动的袁隆平，也有很安静的时候。他喜欢听评书，听了《西游记》《封神榜》《七侠五义》等有趣的故事，还能绘声绘色地讲出来。他向往故事里的英雄人物，最喜欢的角色是"齐天大圣"孙悟空。这个神奇的美猴王，一个筋斗十万八千里，上天入地，降妖伏魔，无所不能。袁隆平喜欢他那无拘无束、自由自在的性格和神通广大的本领。

袁隆平还特别喜欢看电影。他看过许多美国好莱坞在20世纪30年代拍的影片，如《人猿泰山》《泰山得子》等。许多年之后他还记得，那个演泰山的演员，身材特别棒，演泰山跟狮子斗，真是惊心动魄。他还看过根据《天方夜谭》里的故事拍的影片，如《阿里巴巴和四十大盗》等。

有时，他带着弟弟到街边的书摊去看小人书，天黑了还不知道回家，好多次都是大人找来，被拧着耳朵叫回家去。

袁隆平在学习上不发狠，成绩不拔尖，也不太差。他对课外的天地更感兴趣。与伙伴们一起做游戏，对他来说更有吸引力。他在读着课本的同时，也在读社会和大自然这本大书。

那时候，一家人的生活都是由性格温和、勤劳节俭的母亲安排。袁隆平淘气的时候，母亲耐心地跟他讲道理，要他"多读书，求进取，做好事"。父亲在国民党将领孙连仲的部队找到一份工作，一般一个星期只能回家一次。父亲比母亲严厉得多，教育他们兄弟做人做事要规规矩矩，说话不能出格，在人前要有坐相，不能跷二郎腿。

战时的重庆，街头巷尾，到处流落着无家可归的逃难者。有一天，袁隆平跟母亲一起上街，看到一群人在围观几个耍猴卖艺的人，其中一个老人双手抱拳，请求路人施舍。母亲十分同情，拿出一角小洋送到那个衣衫破烂的老人手里。母亲无声的行动，在他心里留下了深刻的记忆。

夏天到来的时候，袁隆平迷上了游泳。放学后，第一件事就是往江边跑，把衣服脱掉，全身精光，扑到江水里。妈妈说："你还记得吧，去年坐船过桃源时，你落到江水里。怎么现在不怕水，而且天天泡在水里？"袁隆平说："会游泳就不怕水了，我要下决心学会游泳。"

夏天气温高，晚上热得睡不着，袁隆平就跑到江边的木船上乘凉，热了就泡到水里。

重庆并不安宁，日本轰炸机不时飞来空袭，投下炸弹，烧毁房屋，炸死百姓。望着飞过天空的敌机，袁隆平恨不得变成一个巨人，扔个石头把它打下来。

有一天，袁隆平和弟弟跑到重庆朝天门的坝滩上玩耍，走着走着，忽然闻到江风吹来一股令人作呕的腥臭气味。原来，远处的沙滩上，摆着一些被日本飞机空袭炸死的中国老百姓的尸体。

这让袁隆平想起难忘的逃难经历,他的脑子里冒出了一连串的问题:为什么中国这么大,中国人这么多,还受日本鬼子的欺负?为什么外国强盗能在中国的土地上横行霸道?

敌机有时一天里要空袭好几次。敌机一来,人们赶紧拉警报,跑进防空洞里躲起来。防空洞里光线暗,空气闷,袁隆平不喜欢躲在里面的滋味,趁着同学们往防空洞里跑,他悄悄溜到江边去游泳。

有一次,袁隆平带着弟弟一起逃学,到江里游泳去了。警报解除了,学校放学了,还不见这兄弟俩回家。正好这天父亲回家,站在楼上,拿军用望远镜四处瞭望,发现江边有两个小黑点。

兄弟俩被逮个正着,父亲严厉地问:"你们为什么不上学,逃课去游泳?"

"飞机来空袭,学校不上课……"袁隆平回答。

"你自己逃学,还把弟弟带去,要把弟弟带坏呀!"父亲生气地说。

按照家规,父亲给他严厉的处罚——挨打、下跪、罚背书、罚写字,然后才准吃饭!

袁隆平以为,带着弟弟一起逃学游泳,处罚会轻一些,没想到反而"罪加一等"。

父亲动了怒火,母亲也不敢出来保释。直到父亲有事出门了,母亲才端来煮好的荷包蛋,苦口婆心地劝导:"爸爸严格要求,是为了你好!你要好好读书,长大了才能成为有用的人。"

袁隆平在江水里泡了半天,又被教训了一顿,肚子早就饿得咕咕叫。他一边答应,一边大口地吃东西。

母亲见袁隆平过于贪玩,就抽出时间教他们兄弟做数学题,唱电影里的英文歌曲。母亲上过教会办的高中,做过小学老师,教育孩子很耐心。这使得袁隆平喜欢上看外国电影,迷上了学唱电影里的插曲,从而对学习英语产生了兴趣。

他们家租住的小院里,经过母亲的精心经营,各种花草生长茂盛。到了夜晚,花草丛中传出野虫的吟唱。袁隆平有时学母亲给花草浇水施肥,他越来越留意院子里的那些植物。

袁隆平渐渐懂事,不再逃学了。课余时间,他仍然喜欢到江里游泳。他的游泳技术大有长进,与伙伴们进行游泳比赛,总是比别人技高一筹。游累了,就躺在沙滩上晒太阳,或者在草丛中捉迷藏、逮蚂蚱。这些亲近大自然的经历,练就了他自信、乐观、开朗的性格。

第二章

开拓成长的视野

1942年初秋,袁隆平满12岁了,进入复兴初级中学,成了一名初中生。走进中学,他接触到的老师和同学更多了,课程也更加丰富多彩。

打开崭新的课本,袁隆平的生活也翻开了新的一页。

新开设的代数等课程,比起小学的内容要抽象得多。不少同学采用死记硬背的方法记定理和公式,袁隆平不喜欢这样做。他习惯于理解式地学习和记忆,喜欢独立思考,不懂的地方就提出来。

一节数学课上,讲"有理数"这一章。老师讲了一条乘法的重要法则:同号相乘的数取"+"号,并把绝对值相乘。老师说:"这就是说,正数乘正数得正数,负数乘负数也得正数。"

袁隆平想,正数乘正数得正数,这好理解;负数乘负数也得正数,这是为什么呢?他想不通其中的道理,就提问说:"老师,负数乘负数,为什么得正数?"

老师对他提的问题感到有点突然,停顿了一会儿,说:"你们刚开始学习代数,讲到的法则记住就是了,按照这个法则进行运算就对了。"

心中的问号没有拉直,变成了一个感叹号,袁隆平感到很不满足。他想,数学怎么只需记忆而不需理解,怎么这样不讲道理呢?

有一次,老师讲到一个世界难题:一角不能三等分。袁隆平觉得不好理解。他认为,一个角应该可以三等分,比如一个90度的直角,分成各30度,不是分得规规矩矩吗?但是老师说,这样分不对,就是不能三等分。

为什么一角不能三等分呢?袁隆平放不下这个疑问。

他感到,这里面肯定有道理可讲,只是自己想不出来,老师又没有把其中的道理讲清楚。这样,他的心中留下了一个大疙瘩。

他想弄清楚数学课上遇到的那些问题,就和同排坐的一个同学商量,两个人结成对子,互相帮助。

那个同学的数学成绩非常好,袁隆平做了一个晚上还做不出来的习题,他几分钟就解出来了。但他游泳不行,动作像狗刨。两个人约定互相取长补短,袁隆平教他学习游泳,那个同学教袁隆平解数学习题。

袁隆平当游泳教练,把那个同学教会了。有一次参加学校的游泳比赛,那个同学得了二等奖。在那个同学的帮助下,袁隆平的数学成绩也有了一些进步。

袁隆平不放弃心中的疑惑,总想弄个水落石出。这样,他逐渐养成了一个良好的学习习惯,就是抓住问题不放松,千方百计找答案。

袁隆平的哥哥袁隆津在博学中学上高中。有一天,隆津对他说:"你转到我们学校来上学吧,我跟爸爸说一说。"

"为什么要转学?"袁隆平问。

"我们博学中学,老师水平高,教学质量好,你转学过来,一定会喜欢的。"隆津满怀自豪地说。

哥哥跟父亲讲了让袁隆平转学的事,父亲同意了。

就这样,袁隆平转学到了博学中学上初二。

博学中学是一所男校,是由英国伦敦教会创办的一所中学。它原来是办在汉口的,迫于日本侵略者的炮火,抗战初期不得不举校搬迁,从武汉迁到了重庆。

学校的房子大多用竹片敷上黄泥筑成,简陋朴素。校园风景秀丽,绿树成荫,鸟语花香。不远处是懿训女中,风中有时传来优雅的歌声,那是女中的学生唱诗班在练唱。

袁隆平来到博学中学,在新的环境里开始了寄宿生活。

当时,学校条件艰苦,师生们吃的是糙米饭,点的是桐油灯,十天半月才吃得上一次肉。但是,校园里的学习与生活却丰富多彩,充满活力。校长胡儒珍博士,具有现代教育思想。老师对同学们的学习要求很严,重视开展文体活动,鼓励全面发展。袁隆平很快适应了这种紧张而有节奏的生活。

每天早晨6点起床铃一响,同学们立即在操场集合,做早操。训育主任胡老师会赶到学生宿舍,查睡懒觉的同学。他手里拿一根竹片,敲打那些还有人睡觉的铺盖,催促学生起床。

有一天早晨,几个顽皮的同学把几个枕头包在铺盖里,假装成一个学生还在蒙头睡懒觉。胡老师走进来,用力敲打那铺盖,但没有反应。掀开一看,才知道上了当。几个同学暗暗高兴却不敢出声。胡老师上了当,也不生气,只是笑了一下。同学们这才哄堂大笑。

袁隆平很快就感觉到,就像哥哥所说的,博学中学聚集了许多有学问的优秀教师,课堂教学富有吸引力。

一节物理课上,老师讲了著名的爱因斯坦方程式,即:$E=mc^2$。E 代表能量,m 代表质量,c 代表光速。光速是个很大的数,所以很小的质量中蕴藏着巨大的能量。这一点好理解,但为什么能量和光速的平方成正比呢?喜欢思考的袁隆平想不明白,把问题提了出来:"老师,为什么物质的能量和光速的平方成正比呢?"

这的确是一个难以解答清楚的问题,连爱因斯坦本人也研究了好些年时间,才于 20 世纪 20 年代得出这个著名公式。一般的中学教师是很难讲清楚这个问题的。老师表扬了他的问题提得好,并且举出生活中的事例加以解释。

老师说:"比如 1 千克煤,完全燃烧后释放出 8000 千卡热量,能把 80 千克 0℃ 的冷水烧到 100℃。但如果把这 1 千克煤的全部能量释放出来,竟有 21.6 亿千卡。这相当于一个城市几年所消耗的电力。至于怎样才能释放这么大的能量呢,还有赖于今后科学技术手段的发展。"

听了老师这一番解释,袁隆平感到思想开阔了很多,理解加深了,他对物理这门课更加感兴趣了。

英语教学是博学中学教学上的一大特色,学生学习英语的风气浓厚。学校规定,其他课程不及格可以补考,但英语不及格就得留级。袁隆平在小学时受到母亲的影响,喜欢学习英语。现在学校的环境进一步激发了他的学习热情。

袁隆平所在的班,有三位老师教英语:英国人白格里先生教阅读;他的夫人是英国籍华裔,教朗读和会话;教务主任周鼎先生教语法。

袁隆平勤于思考,摸索出一套适合自己的学习方法,成绩越来越优秀。他课余时间仍然喜欢游泳,喜欢参加各类班级活动。他阅读《泰戈尔诗选》《简·爱》《呼啸山庄》等文学名著,尝试阅读这些名著的英文版,认为这是学习外语的一种有效方式。

1946年夏天,袁隆平从重庆博学中学初中毕业了。这年暑假期间,因父亲工作调动到武汉,他们一家从重庆搬到了汉口。

令人兴奋的是,博学中学也带着抗战胜利的喜悦,从重庆迁回了汉口。就这样,袁隆平高兴地进入自己喜爱的母校读高中。

博学中学强调自由平等精神,鼓励学生发展兴趣,突出特长。学校虽然是教会办的,但并不强制学生信教,宗教活动也不多,倒是文体活动开展得很活跃。

袁隆平回到母校继续上学,如鱼得水,受益匪浅。

校园生活多姿多彩,学生思维活跃,不受约束。同学们具有独立思考精神,敢于表达自己的见解。1946年秋天,学校得到一批救济品,听说是联合国善后救济总署送来的。打开一看,却是一些破旧的衣服和鞋袜,其中不少是妇女穿的。博中是一所男校,同学们看到这些救济品很反感,觉得受到污辱,气愤不已。

有一天做早操时，许多同学故意穿上那些高跟鞋、女式花衣服和花裙子，扮成各种怪模样，做出各种怪动作。随后，他们把这些东西付之一炬，以示抗议。

在博学中学生活了四年多时间，袁隆平自由自在的个性得到健康的发展，独立思考能力得到进一步强化，无论是学习方面还是其他方面，都为以后的发展打下了良好的基础。

袁隆平最喜欢的体育活动是游泳。他虽然没参加过正规训练，也从来没有得到过游泳名师的指导，却从不间断地坚持练习，乐此不疲。从小学游到中学，从重庆游到汉口，游泳成了他越来越突出的一项特长。

1947年夏天，湖北省举行游泳比赛。博学中学决定选拔一些游泳尖子生，参加这次体育盛会。

教体育的周老师负责选拔参赛选手的工作。他在爱好游泳的同学中挑了十几个身强力壮的，准备派他们去参加预赛。

高一年级的袁隆平，虽然已经17岁，但发育较迟，个子不高，看上去不起眼，因此没有被选上。

袁隆平主动找到周老师，说："周老师，我也报了名，怎么不让我去？"

周老师拍了拍他的肩膀，笑着说："呵，那你就去吧！"

听周老师的口气，好像是同意他去，又似乎是跟他开玩笑的样子。袁隆平将信将疑。他想，老师不反对他去，自己就应当去见识见识。

袁隆平确实很想到游泳赛场去闯一闯。他觉得那么多游泳高手在一起比试，场面一定挺好玩。至于能否被选去参加正式比赛,他想都不曾想。

第二天,被派去参加预赛的同学集合出发了。周老师骑着自行车在前面带路,后面跟着十多个同学,也都骑着自行车,组成一个浩浩荡荡的自行车队。

袁隆平没有被正式选上,本来进不了比赛场地。他身子一纵,坐在一个同学骑的自行车的后座上,跟着大家一块儿进了赛场。

到达预赛场地,周老师发现了他,笑着说:"你既然来了,就试试看吧。"

袁隆平从没参加过正式的游泳比赛,现在到了热闹的比赛场地,感到新奇而又兴奋。他兴致勃勃地和同学们一块儿下了水。

比赛枪声一响,这个在重庆龙门浩横渡过长江、闯过大风大浪的小伙子,舒展有力的臂膀,像一条海豚似的游在水中,奋力向前游去。

比赛结束,周老师大吃一惊,立即喜上眉梢——全校派去参加预赛的十多名学生,袁隆平成绩最佳,获得汉口赛区男子100米和400米自由泳两个第一名。他是博学中学唯一被选去参加省里比赛的选手。

袁隆平对自己的成绩也感到喜出望外。他本来只是想到赛场去玩一玩,长点见识,没想到居然拿了两项冠军,意外地成了一名成绩出众的获奖运动员。

接着,袁隆平去参加省里的游泳比赛,同学们为他鼓劲加油。

面对更多的游泳高手,袁隆平兴致勃勃,轻松自信地投入到比赛中。他的赛场表现更让老师和同学感到惊喜。他以超群的游技和顽强的毅力,夺得湖北省男子自由泳第二名的好成绩。

有个报社的记者前来采访,要袁隆平谈谈在赛场上一鸣惊人的体会和感想。这位年轻的自由泳健儿第一次面对记者,感到很不好意思。他朴实地说:"干任何一件事,都需要有决心和毅力,游泳也不例外。"

袁隆平为学校争得了荣誉,回到学校时,同学们在校门口热烈欢迎他,还把他抬起来,使劲地往空中抛。

第三章
立下志向要学农

　　1948年初,父亲被调往南京工作,袁隆平全家人从汉口迁居南京。袁隆平转学到中山大学附中,继续上高二。
　　那时候,正是中国社会极其动荡的年代。蒋介石发动的内战全面爆发,和平建国的希望成了泡影。国民党军队不得民心,节节败退,人民解放军势如破竹。
　　南京城里,局势动荡不安,物价飞涨。老百姓为了买一点粮食,在粮店前面排着长长的队伍。爱国青年举着"反饥饿、反内战"的横幅,走上大街游行。
　　战争的风声越来越紧迫,解放军即将打过长江,南京城已是兵临城下。
　　袁隆平在这种动荡的社会背景下读完高中,即将参加升大学的考试。报考哪一所大学呢?父母都在为他考虑这个问题。父亲希望他报考南京的重点大学，日后能有大出息。

19岁的袁隆平喜欢过自由自在的生活，不想有太多的约束，对升官发财没有兴趣。他不愿意留在父母身边，渴望开创自己的新天地。他记起小学时参观过的那个童话般的园艺场，觉得学一门实用技术，做一个园艺技术人员，一定有趣好玩。他了解到进农学院能学到栽培瓜果的技术，心里就有了主意。

袁隆平对父母说："让我考农学院吧，我想考到重庆去上大学。"

父亲觉得儿子的想法不可理解，但也不好提过多的反对意见。就这样，袁隆平考取了重庆相辉学院农学系，高高兴兴地跳进了"农门"。

几十年之后，袁隆平接受采访时曾这样说："我是自愿学农的。我生长在大城市，可为什么学农呢？这个说起来很巧。我在一年级的时候，大概6岁，在汉口，有一次郊游，老师把我们带到一个私人办的园艺场。哎呀，那个桃子红红的，长得特别好；那个葡萄，一串一串的；那个花也开得特别好。那时候，正好演卓别林的电影《摩登时代》，奶牛的奶一挤就出来了，葡萄一伸手就摘下来了。那是从小的印象，记忆特别深。说老实话，后来搞土改什么的，看到农村那么落后那么贫穷，我说早知道农村是那个样子，我就不学农了。"

袁隆平追寻着梦想的召唤，又回到了心中眷恋的山城——重庆。

相辉学院位于重庆北碚夏坝，距市区50千米，地处嘉陵江畔，风景秀丽，气候宜人。抗战初期，复旦大学从上海迁到了这里。抗战胜利后，复旦大学迁回上海去了。一些留下来的复旦校友,创办了这所学院,大家从马相伯、李登辉两名教授的名字中各取一字,给这所学院命名。

1949年8月,袁隆平进入相辉学院农学系四班学习。校园毗邻滔滔江流和绿色田园,他的大学生活与田园风光融在一起。来自四面八方的同学,经历了艰难的抗战岁月,都有报效国家的理想抱负,有扎实的学风,有"天下兴亡、匹夫有责"的责任感,思想非常活跃。

宿舍比较拥挤,老师允许学生租住民房,自办伙食。袁隆平和几个同学一起住在宿舍里,有一段时间他们合伙自己烧菜做饭,过得还不错。晚上,他喜欢到图书馆里自习看书。去图书馆的人多,得提前去占位置。

袁隆平性格开朗,生活上不拘小节,衣着随便。衣服掉了扣子也无所谓,照样穿在身上。头发也不讲究,常年留着个自由头。同学提醒他要好好梳一梳,他说:"我这个脑壳就是这么个脑壳,我不管那么多。"

他在学习上有自己的个性。当时没有教材,上课是听老师讲。袁隆平记笔记少,听得认真,理解深刻。课余时间,他和同学在一起评论时事,讨论学术。

他依然迷恋游泳,还迷上拉小提琴、踢足球、聊天、看电影、读外文版的小说,生活得自在快乐。但这个文体活跃分子却不会跳交谊舞,是个"舞盲"。班长拉他去学跳舞,他见到女同学就脸红,赶紧逃跑。跳那种有板有眼的舞步,他可受不了。

袁隆平学会跳另一种舞,就是那种让舞者自由发挥的踢踏舞。他从电影上看到跳踢踏舞很有意思,就模仿着跳起来,居然跳得有模有样。

班上开展文娱活动时,袁隆平有一个保留节目——拉小提琴,有时他也表演一段自由奔放的踢踏舞,逗同学们开心大笑。

1949年11月,重庆解放了,带来了崭新的气象,也给学生们带来了崭新的生活。袁隆平和同学们一样,充满了对新生活的美好憧憬。

一年后,重庆相辉学院农学系并入西南农学院,教学内容发生了很大变化。比如,遗传学原来学的是孟德尔、摩尔根的经典遗传学理论,现在改为讲苏联生物学权威米丘林、李森科的学说。外语课也不一样了,原来学的是英语,现在改为俄语。

袁隆平较快地适应了课程改革和教学内容的变化。他不想为追求得高分而学习,喜欢阅读课外书,表现出很强的自学能力。他不愿意把时间都花在教材和课本上,喜欢去图书馆和阅览室,阅读国内外的学术书刊,拓展知识视野。

当时西南农学院的考试计分采用苏联的五分制,满分为五分。袁隆平觉得考三分就可以了,还编了一首歌谣在同学们中间流传:"三分好,三分好;不贪黑,不起早;不留级,不补考。"有一次填写鉴定表,他在"爱好"一栏里写上"自由","特长"一栏里写上"散漫",连起来就是"自由散漫",真实地反映了自己那种天性不受约束、生活朴素随意的特点。

袁隆平富有朝气和热情,积极参加校园的各种活动。凭着良好的身体素质和突出的兴趣特长,他有两次差点被选拔离校。一次是去当飞行员,另一次是去当游泳运动员。

新中国刚成立不久,美国发动侵略朝鲜的战争,战火烧到了中国与朝鲜接壤的鸭绿江畔。中国人民展开保家卫国的抗美援朝战争,西南农学院的师生积极投入到抗美援朝活动中。

那时新中国的人民空军刚成立不久,需要培养更多的优秀飞行员。1951年夏天,学校作了参军动员,号召同学们报名参加空军飞行员选拔。一方面,袁隆平对日本飞机有切肤之痛,在逃难途中的湖南桃源,在重庆龙门浩江岸边,都目睹过日本飞机炸死中国老百姓的惨烈场面。另一方面,他觉得做一名飞行员,驾着飞机在天上飞,有点像孙悟空腾云驾雾,是很好玩的事。他欣然报名,决定投笔从戎。当时西南农学院有300多名学生报了名。

招空军体检很严,有36个体检项目。袁隆平身体素质非常好,他和另外7名同学闯过一道道体检关。名单确定下来,这8名佼佼者即将成为空军培训学校的新学员,他们都感到非常高兴。不过,不久后他们接到通知,继续留在学校学习。当时已经到了1952年,抗美援朝战争到了谈判阶段,就不招在校大学生入伍当飞行员了。当时全国的大学生人数不算多,国家希望他们在祖国建设事业上发挥更大的作用。

另一次是1952年夏天,西南地区举行游泳比赛,袁隆平代表农学院参加这次体育盛会,获得第四名。如果获得前三名,就可能被招进游泳队集训,去当专业的游泳运动员。那时候的比赛只设男子100米项目,没有50米项目,袁隆平游前50米的速度跟当时的世界纪录是持平的。游后面50米,耐力差一些。

于是,袁隆平安心留下来,继续学习。

大学即将毕业,袁隆平面临着一场考验。他内心留恋山城重庆,希望能留在市里的农业科研机构工作。他在重庆已经生活了12年,这里已经成了他的第二故乡,长江和嘉陵江是哺育

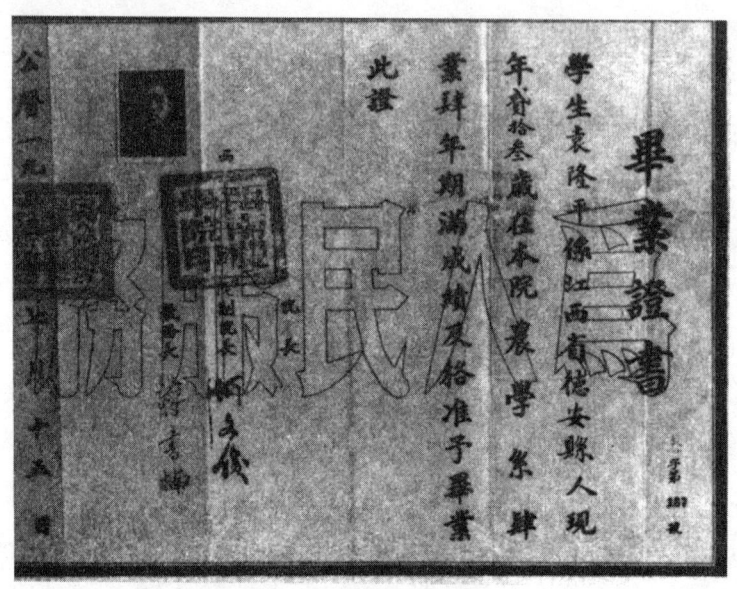

袁隆平西南农学院毕业证书

他成长的"保姆"。但学校举行的分配动员大会,号召同学们到农村去,到祖国最艰苦的地方去。

经过冷静思考,他认为,作为新中国培养的第一代大学生,应该服从分配,为祖国的建设事业做出自己的一份贡献。

等待他的,将是一所偏远山区农校的讲台,将是广阔的山地田野……

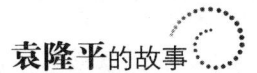

第四章

走出课堂找答案

1953年8月,袁隆平从西南农学院毕业,被派到湖南省农业厅报到。

他从重庆乘船,顺长江而下,过三峡到武汉,转火车抵长沙,来到湖南省农业厅报到。他被分配到黔阳地区的安江农校当教师。当时湖南只有四所农业中专,安江农校是湘西的一所。

袁隆平又从长沙出发,搭上一辆烧木炭驱动的老式汽车,往湘西大山区行进。公路在大山里绕来绕去,越来越崎岖,山势越来越陡峭,老牛似的汽车好不容易爬过雪峰山,到了黔阳县城。

黔阳位于雪峰山深处,是个偏僻落后的地方。唐代诗人王昌龄曾被贬到这里,写下"醉别江楼橘柚香"的名句。安江农校坐落在距县城8里外的农村,周围群山环抱,校园古木参天,校舍与农田相接。校园后面,清澈见底的沅水奔涌而过。

学校当时缺少俄语教师,袁隆平被安排教俄语课,但这不是他在大学里学的专业。他没有推辞,静下心来,认真备课,边教边学。他采用口语提问的方式,让学生加强口语会话训练;课外教唱俄语歌曲,还指导学生与苏联学生通信,激发学习兴趣,收到了良好效果。

袁老师在课堂上讲到神采飞扬时,见黑板上写满了字,手指一缩,捏紧衣袖就擦起黑板来。学生们见了,立即发出愉快的笑声。

袁隆平是全校第一个外语过关的专业教师。他不用查词典,就能阅读英文和俄文的专业报刊。他用自己学习外语的体会,启发学生要重视学好外语课。他说,多掌握一门外语,等于多打开了一扇获取知识的窗户,可以学到更多的科学知识。

他在课余时间,坚持读书学习,许多个人生活上的事情倒被淡忘了。比如,一件衣服穿久了,他也不换洗。有一次,教研组长通知他晚上开会,他答应了,却忘记了去参加。教研组长第二天问起他时,他才恍然大悟。这样的事情不止一次,他只要钻进那堆外文资料里,往往就忘记了别的事。

校园背后的沅水,成为他天然的游泳场。每天晚餐后,他喜欢带着学生去游泳。有一年发大水,他从滚滚洪流中救出了一个落水的人。有时,他叫上几个学生在山路上漫步聊天,或者独自带着小提琴,来到大香樟树下拉一曲德国作曲家舒曼的《梦幻曲》,这是他喜爱的小提琴曲。

第二年起,袁隆平被调到遗传育种教研组,担任植物学、作物栽培、遗传育种等农业基础课和专业课的教学工作。自己在大学里学的专业知识在课堂上派上了用场,他在教学上更加如鱼得水。

袁隆平对待学问特别认真,教一门,钻一门,爱一门。他认为,要做到教学相长,确实要下一番功夫。遇到疑难才去查找资料,并不是解决问题的根本办法。他决心系统地学习和钻研专业知识,从构成植物体的最小单位——细胞的构造开始,到

当时的安江农校大门

根、茎、叶、花、果的外部形态,植物的生物学特性,以及遗传特性等,进行系统深入的学习和研究。

这些生物学方面的内容,他是很熟悉的。要重新学习和深入钻研,不能只复习一遍旧教材。他决定采取理论联系实际的方法,扎扎实实地结合实验,从最有利于教学的需要出发,加深对专业知识的重新认识。

为了在显微镜下观察细胞壁、细胞质、细胞核的微观构造,他刻苦练习徒手切片技术。十余次没有成功,上百次地切;百余遍观察效果不理想,上千次地实践,一直到得到满意结果为止。

晚上,他常常在实验室里做实验,待到凌晨一两点,到了废寝忘食的地步。

他注重把来自实践的感性认识与理论相结合,在课堂上讲解起来游刃有余,不受约束。他讲课生动具体,富于启发性,很

受学生欢迎。

备课时,他常常从学生的角度提出各种问题,尝试好几种解答的方式,找到容易为学生理解的一种。在准备"植物开花结果"这一课时,他开始怀疑,植物到底受精不受精?是不是和动物一样?

为了找到答案,他走出课堂,走出校园,来到田间地头,为玉米的雌花套袋隔离。观察表明,雌花因得不到雄花的花粉,无法受精,不能结实。

袁隆平感慨地说:"即使像这样浅显的问题,如果教师钻研不深,就不可能给学生讲透讲好。要给学生一瓢水,教师必须有一桶水。"

袁隆平在教学上注重亲自动手示范,让学生动手做实验,培养动手能力。

他还带着学生到山上采集植物标本。冬天特别冷的天气里,他叫班上年龄最小的男生到他的单身宿舍,和他一起睡觉,给他暖脚。他和学生的关系非常融洽,学生们都喜欢和他接近。

接下来几年,政治运动连续不断。袁隆平

袁隆平与安江农校学生的合影

自知家庭出身不好，对待政治运动，既不热心参与，也不故意逃避，采取一贯的超脱态度。他始终把注意力放在对专业知识的钻研、学习上，尽量避免让自己卷入复杂的人事纠葛中。

袁隆平在教好专业课的同时，还想在农业科研上做出一些成绩来。

根据苏联学者米丘林、李森科的理论，他尝试进行无性杂交的实验，把月光花嫁接到红薯上，希望地下长出红薯，藤上的月光花也能结出籽，可以作为繁殖下一代的种子；又把西红柿嫁接到马铃薯上，希望地下长出马铃薯，茎上结满西红柿；还把西瓜嫁接到南瓜上，希望得到新型的瓜种。

这些实验的目的，是为了获得优良的无性杂交品种，提高农作物的产量。

长年在田地里做实验，袁隆平的皮肤被晒得黑黑的。同事们给他取了个"刚果布"的外号。他那乐观自信的笑容，也被同事们称为"刚果布的笑容"。

袁隆平的实验地里，嫁接的作物成活了，长势不错。只是月光花与红薯的生长期不完全同步，为了达到让月光花在短光照下结籽的目的，袁隆平把自己的床单和被罩用墨水涂黑，拿来给用来做实验的作物遮光。周围有的人见了，感到很可惜，说他是个"败家子"。

实验的初步成果出来了：红薯地里，地下长出大红薯，藤上的月光花结出了"红薯种子"；另一块地里，土里挖出了马铃薯，茎上结了西红柿！

收获的时候，许多人都跑来看稀奇，报纸也做了鼓舞人心的报道,这件事成了一条引人注目的新闻。学校领导为此感到很高兴,觉得袁隆平为安江农校争了光,推荐他去参加全国农民育种家现场会。

袁隆平到长沙参加会议,心里却闷闷不乐。他清楚,自己的那个实验才进行了一半,还不能判断是否成功。

第二年,也就是1961年,袁隆平把月光花结的"红薯种子"播到实验地里,长出的苗和以前的月光花苗没有什么不同。正像他所担心的那样,嫁接出来的种子不能把上一代的优良性状遗传下来。

实验以失败告终,袁隆平陷入思索之中,对米丘林、李森科的学说产生了怀疑。课堂上,他对学生讲了实验失败的事实,并把学生带到实验地里,告诉学生:科学是老老实实的学问,来不得半点虚假,不能因别人的赞扬而迷失方向,更不能自己欺骗自己。

在为实验失败找出路的时候,袁隆平决定深入研究各种学说,包括当时受到批判的孟德尔和摩尔根的遗传理论。

孟德尔是19世纪奥地利的一位生物学家,他通过豌豆杂交发现了生物的遗传法则,创立了遗传基因学说。摩尔根是20世纪初美国的生物学家,在孟德尔学说的基础上,进一步发现了基因染色体的遗传规律,获得了1933年诺贝尔生理学和医学奖。他们的学说,当时在社会主义国家受到批判。

袁隆平静下心来,决心重新寻找新的课题和思路。

第五章

大饥荒的启示

20世纪50年代后期,我们国家的政治运动一个接着一个,一些狂热的人梦想一步跨入共产主义社会,出现了全国性的共产风、浮夸风。报纸上不断放出神话般的"卫星":马铃薯亩产过8000千克、水稻单季亩产过1500千克……

袁隆平作为农业科技工作者,心里最清楚这些"卫星"是彻头彻尾的假话。

进入1960年,天灾和人祸带来了全国性的大饥荒。人们吃不饱肚子,只能吃糠皮、草根和树叶,有些地方的人们饿得不行了,就吃不能消化的"观音土"。许多人患上了营养不良的水肿病,不少地方发生饿死人的惨剧。老百姓把这三年难熬的饥饿时期称为"过苦日子"。

没有经历过饥饿的人,是无法想象饥饿的窘迫与凄惨的。

在那种危及生命的饥饿状态下,人的肚皮贴着后背,饥肠辘辘,四肢无力,眼前满是幻觉……人的生命在饥饿中到了崩溃的边缘。

在小小的安江镇,也出现了饿死人的悲惨事件。有一天,袁隆平走出校门,远远地看到一群人站在路上,表情沉重。他走过去一看,只见路边横躺着两具枯瘦的尸体。那是两个被饿死的老百姓。围观的人都默默无声,脸上满是悲伤的表情。袁隆平为眼前沉痛的事实而感到深深的不安。

从农村到城市,人们都经受着饥饿的威胁。来势凶猛的大饥荒,像洪水猛兽一样席卷神州大地。粮食限量供应,肉类食品更是少见,即使有钱也买不到能吃的东西。袁隆平也饿得走不动路,不少学生饿得面黄肌瘦。

学校食堂里做的是"双蒸"饭,里面加了苏打,经过两次蒸煮,米饭的体积增大了许多。刚吃完饭时,感到肚子被撑得很饱,可是很容易就消化了。人在挨饿的日子,整天都不由自主地想着吃饭。有一次,袁隆平和几个同事饿得受不了,就把自己种在菜园里还未长大的小萝卜扯来,又弄了一些红薯,各煮了一大盆充饥。

这场刻骨铭心的饥荒,给许多人的心里留下了后遗症。一些人在吃饭时,本来肚子已饱,却忍不住再吃一碗。家庭主妇每天做饭时,总要从已经倒进锅的米里再抓出一把。

这场饥荒也在袁隆平的心灵上留下强烈影响:他决心要在农业科研上做出些成绩来,培育出好种子以提高产量,让人们不再饿肚子。

不久后,他带着40多名农校学生,到黔阳县硖州公社秀建大队参加生产劳动。一天,房东老向冒雨挑着一担稻谷回来。他告诉袁隆平,这是他从另一个村子换来的稻种,这个品种的产量要高一些。

老向还说:"施肥不如勤换种。"

袁隆平从老向的话语中再次认识到:改良品种提高产量,这对于战胜饥饿有着重大意义。

1962年,袁隆平从《参考消息》上看到一条消息:英美遗传学家克里克和沃森根据孟德尔、摩尔根学说,已研究出遗传物质的分子结构模型,即DNA分子双螺旋结构,从而使遗传学研究进入了分子水平。实际上,他们的这项研究结果在1953年就已公布于世,直到1962年才获得了诺贝尔奖。

结合自己的科研实践,袁隆平感到有许多困惑。他对待专业上的疑问,从来就是抓住问题不放松,总要想方设法找出答案。

这年暑假,袁隆平决定自费到北京去,了解最新的信息资料,拜访有关的专家,以解开心中的疑问。他从安江坐上汽车,在坎坷崎岖、尘土飞扬的马路上颠簸好几个小时,到了怀化;再搭上火车,经过10多个小时的旅程,到达湖南省会长沙;又从长沙乘火车,经过20多个小时的旅程,风尘仆仆地到了首都北京。他在旅途中,困了就在座位上打会儿瞌睡,饿了就掏出背包里带的饼干吃。

他去中国农业大学请教专家,在中国农科院图书馆里阅读到许多在基层无法找到的外文资料。又从一些学报上了解到,遗传学不仅在理论上取得了重大突破,在生产实践中也取得了明显效益,美国、墨西哥等国家的杂交高粱、杂交玉米、无籽西瓜等实验获得成功，早已广泛应用于生产，只剩下水稻的杂交优势利用技术尚未取得重大突破。

袁隆平陷入深深的思考中。他看到李森科学说解决不了的问题，孟德尔、摩尔根学派的学者却解决了。他在相辉农学院时认真钻研过孟德尔、摩尔根的遗传学理论，现在他再一次被他们的经典遗传学理论深深吸引，决心按照他们的学说去进行新的尝试。

袁隆平当时只是一个普通的山区农校教师，心中却装着一个关系到人类生存的重大问题。他在那样艰苦的条件下，在那种政治气候下，为了解决学术上的疑问和困惑，自费远赴北京，走访专家，了解信息。这是一般人所无法想象的。即便是今天，许多人也未必能做到。而这正是袁隆平的非凡之处。

这一次远行的经历，对他以后的事业具有非同寻常的意义。

后来在回顾这一坎坷经过时，他感慨地说："幸亏我猛醒得早，如果老把自己拴在一棵树上，也许至今还一事无成。"

他跳出了原来的小圈子，决心踏上更加广阔的探索之路。

还是在1960年7月，袁隆平就有过一次惊喜的发现。

那天下课后，他拍掉身上的粉笔灰，拿着课本走到校外的早稻实验田边。那片稻田里生长着常规培育的早稻，金黄的稻穗已经勾头，呈现出丰收在望的景象。

像平时一样，袁隆平把教科书放在田埂上，走到田里，一行一行地认真观察起来，希望寻找到优良的育种材料。

突然，他被一株形态特异、"鹤立鸡群"的水稻植株吸引住了。

那株水稻在稻丛中长得特别高大,株型优异,穗大粒多,格外显眼。袁隆平非常欣喜,立即走下田埂,走进稻田里,凑近去仔细观察,伸手轻轻拿起稻穗。

他数了数那株水稻的穗数,又细心地数了每支稻穗上的谷粒数。这株水稻有10余穗,每穗有160粒~170粒壮谷。当时水稻品种的稻穗一般只有100粒左右稻谷,这株奇异的水稻,它的穗数和谷粒数,远远多于普通的稻株。

这真是一株不同寻常的水稻!

袁隆平心情激动,赶紧取出布条,给这株特殊的稻子扎上记号。他想,这说不定就是自己要找的优良育种材料。

这以后,他每天都要走到田边,去看看那株奇异的水稻。收割的时候,他特地把这株稻子结的金灿灿的谷粒单独收藏起来,留作实验用的种子。

第二年春天来了,田野里传来一阵阵布谷鸟的叫声。

袁隆平满怀希望地把实验种子播在田里,指望能长出一垄植株壮硕、穗大粒多的稻子。每天上完课,他就往实验田里跑,一边照料那些稻子,一边观察它们细小的变化。

夏季的一天,突然下起雨,几个同事拦住他一起打扑克,打输的人钻桌子。刚玩了一会儿,突然响起震天动地的炸雷声,接着下起暴雨。袁隆平丢下扑克就往雨里跑,同事们以为是炸雷把他震疯了,赶紧跟去。原来他是跑到实验田里,去照料他的实验稻。

那片稻子一共有1024株,每一株他都非常熟悉,都是他的希望和宝贝。

随着稻子生长发育,袁隆平的心情越来越沉重,感到很失望。它们长得高的高、矮的矮,从胚胎、抽穗到成熟,有的早,有的迟……比起去年那株奇异的稻株,眼前这些稻子显然优势完全退化了。

袁隆平看在眼里,心里感到很沮丧。他拍拍裤腿上的泥土,准备离开,忽然,一个念头像闪电般地照亮了他的大脑。他想起了孟德尔、摩尔根的遗传学理论,用其中的分离律来看,纯种水稻品种的第二代是不会发生分离的,只有杂种第二代才会出现分离现象。

袁隆平在田间

照此逆向推理,眼前的稻子发生了分离,那么,去年那株穗大粒多的稻株,就应该是一株杂交稻。

可是,那株杂交稻从何而来呢?

"天然杂交稻!"袁隆平兴奋不已地断定。

经过认真分析,他充分肯定了自己的判断。那株穗大粒多的稻株,是"天然杂交稻"的杂种第一代! 它只有一种形成的可能,就是在自然环境下天然杂交而成。

他激动地想,如果能探索出水稻天然杂交的秘密,找到水稻天然杂交的规律，就一定能培育出人工杂交水稻。这样，就能大幅度提高水稻的产量。

花了两年时间，获得了这一宝贵的启示，他高兴得跳了起来。

他又走进实验田，仔细观察。高的、矮的、早熟的、迟熟的……他把高低不齐的分布情况一一弄清楚，把每支稻穗结的谷粒数都数出来，并且做了详细的记录。回到宿舍，他反复统计、运算。结果证明，他所观察到的现象，完全符合孟德尔的分离律！

袁隆平决心把研究杂交水稻作为自己的科研课题。他对这一课题的难度是有清醒认识的。

早在1926年，美国人琼斯发现了水稻雄性不育现象。20世纪50年代，日本科学家就开始研究杂交水稻，美国、菲律宾国际水稻研究所也在从事这项研究。尽管他们拥有先进设备，有充足的科研经费，有众多的科学家组成研究团队，但科研进展缓慢，并未取得突破性成绩。

国际上的水稻专家经过多年探索，都在这道难题面前碰了壁。他们得出结论：水稻属于"单颖果植物"，一朵花只结一粒种子，杂交优势很难利用，制种尤其困难，无法应用于生产。

杂交水稻研究，是一道世界公认的科研难题！

袁隆平认为，中国是古老的农业国，有着丰富的水稻种质资源，有着辽阔的国土和充足的温光条件。他想，外国人没有搞成功的，难道中国人就不能把它搞成功吗？

他决心勇敢地探索下去！

第六章

要解世界难题

　　水稻的祖籍在我国南方,远古的河姆渡人就已经种植水稻了,距今已有几千年的种植历史。

　　后来,水稻的种植不断向北和向高海拔地区发展,使原来生长在南方的籼稻不断分化,形成现在众多的水稻品种。按稻种来分,有籼稻、粳稻;按米质黏性来分,有籼稻、糯稻;按生育期长短来分,有早稻、中稻、晚稻;按栽培制度来分,有单季稻、双季稻、再生稻等。

　　袁隆平从那株穗大粒多的"天然杂交稻"看到了杂交的优势,国外对杂交玉米、杂交高粱的成功实验,坚定了他紧紧抓住杂交水稻课题研究不放松的决心。

　　杂交水稻是通过不同的水稻品种进行杂交而产生的。水稻是自花授粉作物,常规水稻都开出雄花和雌花,自身授粉,结出谷粒。

　　要进行两个不同稻种的杂交实验,先要把一个品种的雄蕊杀死(专业术语叫作"去雄"),然后将另一品种的雄蕊花粉授给去雄的品种,这样结出的谷粒,才是杂交水稻。可是,如果用人工方法在数以万计的水稻花朵上进行去雄授粉,工作量极大,效益将很差。人工去雄的方式,根本不可能解决实际生产需要的大量稻种。

　　袁隆平借鉴国外杂交玉米、杂交高粱的成功实验,查找资料,进行田间调查,苦苦地设计着攻克杂交水稻难题的具体方案。

　　他首先要找到一种雄花发育不好、不能自花授粉的"雄性不育株",作为杂交实验的材料。它的雄蕊瘦小退化,靠自己的花粉不能受精结籽,而必须依靠另一品种的雄花进行杂交才能结籽。

　　如果找到雄性不育株,就用它做母本,把其他品种的水稻和它栽种在一起,为它提供雄花授粉。这样,才能进行杂交水稻实验。

　　为了不使母本断绝后代,要给它找两个对象。

　　这两个对象的特点各不相同:第一个对象外表极像母本,但有健全的花粉和发达的柱头,将它的花粉授给母本后,生产出来的是"女儿"。它长得和"母亲"一模一样,也是雄蕊瘦小退化、没有生育能力的母本。另一个对象外表与母本截然不同,一般要比母本高大,也有健全的花粉和发达的柱头,将它的花粉授给母本后,生产出来的是"儿子",长得比"父母"都要健壮。这就是我们需要的杂交水稻。

一个母本和它的两个对象，人们根据它们各自不同的特点，分别起了三个名字：母本叫作"不育系"；两个对象，一个叫作"保持系"，另一个叫作"恢复系"，简称为"三系"。

袁隆平经过精心设计，形成了攻克杂交水稻的具体方案：利用水稻雄性不育性，培育出不育系、保持系和恢复系，通过三系配套的方法，代替人工去雄杂交，来产生大量的杂交种子。

不育系、保持系和恢复系，缺一不可，必须互相配套，珠联璧合，才能达到成功培养杂交水稻的目的。这就是他设想的三系法杂交水稻。

袁隆平构想，杂交水稻实验分三步走。

第一步：寻找天然的雄性不育株。这是培育不育系的基础。

第二步：筛选和培育保持系。它和雄性不育系杂交，后代永远能保持雄性不育的性状。

第三步：筛选和培育恢复系。它和雄性不育系杂交，得到的种子长出禾苗后，恢复雄性可育的能力，能自交结实，增产优势显著。这就是大田生产需要的杂交水稻。

按照这个思路，首先要找到天然的水稻雄性不育株，作为育种材料。

袁隆平从那株天然杂交稻推断，雄性不育株肯定是存在的，它的特点是发育不好，花蕊呈现病态。他决心把它找出来。

可是，怎样才能找到天然的雄性不育株呢？这个雄性不育株，他从来没见过，中外资料里也从来没有刊登过照片，要在成千上万亩水稻田里找一株特殊的稻穗,无异于大海捞针。

袁隆平不怕艰难,他走进茫茫绿海的水稻王国,开始寻找起来。

1964年夏天,骄阳似火。安江农校的实验田里,水稻正在阳光照射下吐穗扬花。

早期研究——袁隆平在安江农校实验田

袁隆平走在稻田里,一行一行地寻找着。他一手拿着镊子,一手握着放大镜,不时地停下来,用放大镜观察扬花的稻穗。他移动身子的时候,放大镜的镜片偶尔反射着阳光,闪动着斑斑亮点。

他看到的所有稻穗,都开出正常的花朵,雄花和雌花都很健全。他要寻找的雄性不育株,偏偏是不正常的稻穗,它的雄花是病态的,不能授粉生育的。

一天过去了，又一天过去了，他还是一无所获。

汗水浸湿了衣服，太阳晒脱了皮，他仍然坚持不懈地寻找着。

到了第八天，他改变了寻找的战术，决定一穗一穗地观察。这样，劳动强度更大了。他心里清楚，稻穗扬花就十多天的时间，错过这个季节，又要等到明年。

这些天都未下雨，气温持续升高。头顶烈日照射，脚下烂泥巴都晒热了，袁隆平仍然在坚持不懈地寻找着。

那种退化了的水稻不孕雄花到底是什么样子，当时国内还从来没有人见过，书上从来不曾有过图片或文字介绍，袁隆平也没有看到过。

他从理论上推断，坚信安江的稻田里一定存在这种不孕雄花。然而要从数不胜数的稻穗中把从未见过的不孕雄花找出来，谈何容易？那"养在深闺人未识"的雄性不育株，到底是一副怎样的真容呢？

袁隆平知道，外国人搞玉米、高粱杂交，都是从找到了雄性不育株才打开突破口的。无论有多么困难，他一定要找到水稻中的雄性不育株。

忽然一阵晕眩，袁隆平的两眼直冒金花，双脚酸软得迈不动步子。他意识到自己中暑了。袁隆平挣扎着爬上田塍，来到苦楝树下，取下挂在树上的水壶，喝了几口水，吃了几片清凉片，休息了一会儿，才缓过气来。

这时，他的妻子邓哲到田边，给他送茶来了。34岁的袁隆平，在这年春节刚结婚，妻子邓哲是他以前教过课的学生，现在成了他科研上的助手。

袁隆平和妻子1965年补拍的结婚照

邓哲看着他这个样子,心疼不已。她也挽起裤脚,下到水田里找起来。

日复一日地观察寻找,袁隆平和邓哲体会着"大海捞针"和"沙里淘金"的艰难。

坚持寻找了16天,日历翻到了7月5日。袁隆平在一块洞庭早籼品种的田里寻找着。突然,他的目光在一株性状奇特的植株上停住了。

那株水稻的稻穗上,大多数颖花的花药不开裂,雄蕊瘦弱寡白,发育不全。

"这不是退化了的雄花吗?"袁隆平惊喜极了。这么多天以来,他还是第一次见到这样奇异的雄花。

正常的水稻开花,花颖张开,雌蕊较小,雄蕊却壮观漂亮,蕊上布满鲜黄色的花粉,一有风吹就把花粉撒到雌蕊上,让雌蕊受孕,从而繁殖出种子。但这一植株上的花,雄蕊个个瘦弱寡白,除了花药不开裂,振动也不散粉。这样的雄蕊,基本上可以断定是不能生育的。

他看了又看,用放大镜仔细观察,那确实是病态的雄花。

他用红布条在这株稻子上作了标记,并采集了花药,带回去用于实验。

夜里,在实验室的灯光下,袁隆平用镊子取出一些花药,放在显微镜的载玻片上,再用镊子将花药压碎,调好焦距,仔细观察,证实了白天的观察判断。那些发育不全的雄花,花粉很少,导致没有生育能力。

他又取了一支吸管,从盛着碘化钾液的玻璃器皿中,吸了一点碘化钾液滴在载玻片的花粉上,然后再从显微镜中仔细观察。这是采用碘化钾染色法进行实验。

一般正常的花粉,在这个实验中呈蓝色。可是过了许久,仍不见花粉与碘化钾液产生化学反应。这证明它的化学性质与正常花粉不一样。

袁隆平充满了信心,得出了科学的结论:他找到的这个奇特的植株,确实是一株货真价实的雄性不育株。

袁隆平激动不已,简直欣喜若狂!他苦苦找了三年,这次连续寻找了16天,终于在茫茫的常规水稻中找到了雄性不育株!他用智慧和辛劳的汗水,获得了开启神秘的水稻王国大门的第一把钥匙!

他在笔记本上记下:

第一株水稻天然雄性不育株

发现时间:1964年7月5日午后2时25分
发现地点:安江农校水稻实验田
水稻品种:洞庭早籼

不过,他觉得这一发现还过于偶然和单薄,用它还不足以说明问题。他还要找到更多的天然雄性不育株,对它们的病态、病因进行分类和科学统计,总结出规律来。

1965年和1966年,连续两年的水稻扬花季节,袁隆平和妻子邓哲继续在稻田里艰苦地寻找。他们前后共检查了1.4万余株水稻,又找到了5株雄性不育株。实验测算表明,水稻的雄性不育的发生概率大约为三千分之一。

稻子成熟时,他们采收了那些雄性不育株上自然授粉的种

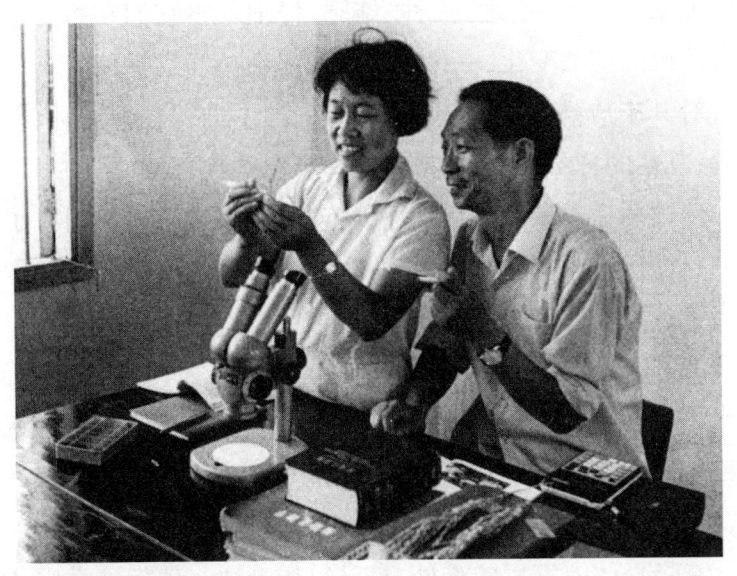

事业上的知音

子,留作实验材料。

袁隆平找到雄性不育株的1964年,标志着我国进行杂交水稻研究的开始。那时候,菲律宾、美国、印度和日本的水稻育种实验已经启动。

中国作为社会主义国家,当时受到国际社会的全面封锁。袁隆平是在没有任何科研机构的支持、没有任何研究经费和捐款的情况下,处在信息不畅、条件简陋的偏僻山区,孤身一人与国际上那些研究经费充足、研究设施齐全的育种专家,同时站到了科研竞赛的起跑线上。

这注定了他走上的将是一条充满艰辛的科研之路!

袁隆平把那些种子视为珍宝,含辛茹苦地加速培育。

他亲自动手,耕地、播种、施肥,仔细观察它们在每个生长发育阶段的细微变化,一一作了详细记录。

对其中成熟早的,当年就将部分种子进行翻秋播种,继续实验;其余的种子在次年春播,进一步观察研究。

经过两个春秋的栽培实验,他对水稻雄性不育材料有了较多的感性认识。这时候,妻子邓哲给了他一个天大的喜讯:他快要当爸爸了!真是双喜临门。

为了加速实验,袁隆平打算自费买60个大瓦盆。他一心扑在水稻杂交研究上,对家里的经济情况太不了解,结婚后就一家四口,岳母和妻子的侄儿也和他们一起生活,儿子又即将出生,家里哪能拿得出买实验盆的钱呢?

袁隆平体谅家里的难处,自己另想办法。他带着学生从窑厂的废品堆里捡出一些缺边烧歪了的瓦盆,用板车拉了回来。

这样,他开始了盆栽实验。

"何苦在这些瓦盆之间折腾呢?"几个和袁隆平关系不错的同事见了,带着劝诫的口气说,"往菜地里多花点功夫,长出的蔬菜还能吃。你把时间都花在这些禾苗身上,到底有多大的希望?也许还会惹来麻烦,到时候说都说不清楚。"

袁隆平知道,他们可不是故意泼冷水。政治气候变幻不定,那看似泼冷水的话语里,其实包含着深厚的友情和善意。何况,很多专家早就断言,水稻"花时短,异交结实率低,繁殖种子的障碍无法逾越"。自己意外发现的那株天然杂交稻毕竟是小概率事件,国际上有好些先后接触过这一领域的研究人员都对此丧失了信心,放弃或中断了研究。从这些事实看来,同事们担心他的实验"到底有多大的希望",并不是没有道理。

袁隆平觉得,即使有1%的希望也应该抓住它,看它能不能变成100%的现实。若是失败了也怨不得别人,如果不尝试到底,那才真叫没出息。他乐呵呵地笑起来,和同事们点起烟,撇开话题说了几句开玩笑的话,把他们打发走了,又继续照料和观察自己的实验禾苗。

1965年秋天,连续两年的盆栽实验结果显示,天然雄性不育株的人工杂交结实率可高达80%甚至90%以上;经杂交繁殖出来的后代,有的继续保持了其母系亲本的雄性不育特性。

这些实验表明:水稻的雄性不育特性可以遗传,这个发现让他非常兴奋。

他想,利用水稻雄性不育特性的遗传效应,完全有可能通过少量的天然雄性不育株,培植出一个庞大的雄性不育系。这就为人工进行杂交制种提供了可能性。

袁隆平深受鼓舞,实验证明了他的设计没有错,利用杂交优势获取优质稻种的理念有了坚实的现实基础!

1965年10月,经过一番思考,他把两年来获得的科学数据进行分析整理,写出第一篇关于杂交水稻的重要论文《水稻的雄性不孕性》。

他这样写道——

> 水稻具有杂交优势现象,尤以籼粳杂种更为突出。但因人工杂交制种的困难,到现在为止,尚未能利用。显然,要想利用水稻的杂种优势,首先必须解决大量生产杂种的制种技术。从当前作物杂种优势育种的研究形势和实际成果来看,解决这个问题的有效途径,首推利用雄性不孕性……

这篇文章用科学的数据,详尽地论述了水稻具有雄性不孕性,还进一步预言:通过进一步选育,获得不育系、保持系和恢复系,实现三系配套,利用杂交水稻优势,带来大幅度的粮食增产。

这是国内外第一篇论述水稻的雄性不孕性的论文,标志着我国杂交水稻研究迈开了坚定的第一步。

1966年2月,袁隆平的这篇论文被发表在中国科学院的院刊《科学通报》第17卷第4期上。

当时国家科委九局的赵石英局长读了这篇文章,认为袁隆平的研究对国家的水稻生产具有重大价值。他以国家科委九局的名义,给湖南省科委和安江农校各写了公函,责成他们大力

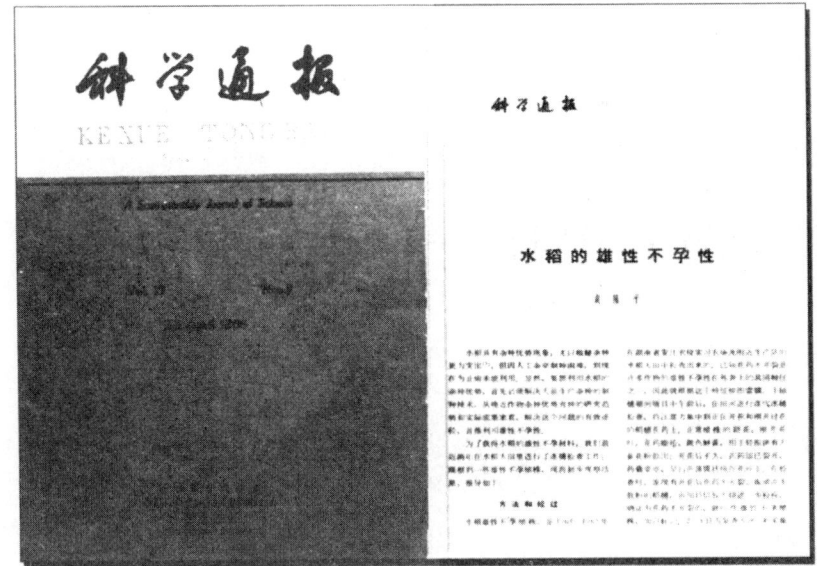

袁隆平发表在《科学通报》上的论文

支持袁隆平的研究工作。

这篇论文被发表在国家最权威的科学刊物上,袁隆平深受鼓舞。

五一劳动节那天,36岁的袁隆平当爸爸了。妻子邓哲生下一个儿子,他喜滋滋地给儿子取名为"五一"。

他没有多少时间待在家里照顾母子俩,那些实验盆里的禾苗等着他去照料。

第七章

艰难挫折中的坚持

　　安江农校实验田边的空地上,摆放着几十个瓦盆。瓦盆里长着一株株青翠的禾苗。那是袁隆平用来培育禾苗的实验盆。
　　有个年轻人经常出现在那里,看到盆里水干了,提桶打了水来,往盆子里添上水。他叫尹华奇,是袁老师担任班主任的农作物23班的学生,23岁。他学习特别勤奋,喜欢参加课外的各种实验。
　　从去年起,尹华奇对袁老师搞的杂交水稻研究产生了很大的兴趣,开始给袁老师当助手。他手脚勤快,学习劲头足,深得袁老师的喜爱。
　　尹华奇跟袁老师做盆栽水稻实验,引起了一个叫李必湖的学生的注意。他比尹华奇小两岁,人很机灵。他好奇地打听:袁老师的实验有什么奇特之处?

尹华奇告诉他,这个实验目前还看不出有什么奇特,不过,袁老师写的论文刊登在中国科学院的刊物上了。

李必湖听了,心里佩服极了。他也想跟袁老师好好学一学。但他是农作物24班的,担心袁老师不肯收他。

他壮着胆子找到袁老师,自告奋勇地说:"袁老师,我想给您做徒弟,和尹华奇一起参加水稻实验,不知您同意不同意?"

袁隆平笑着说:"给我当徒弟,可得吃得起苦啊!紧张的时候,星期天都没得休息。你怕不怕?"

"苦算什么,从小到大,山上地里,家里家外,什么样的苦我没吃过?说实话,我到了学校,才知道有星期天。"李必湖憨厚地回答。

"嘿,决心不小!不过,这可不是一天两天、一年两年的事,这是个缠磨人的事,你不要到时后悔呀!"

"我不会后悔的。"李必湖赶紧说。

"做这个实验很辛苦,也不能多拿工资,又吃苦又吃亏哪!"袁隆平还是不放心地补了一句。

李必湖态度坚决,表示自己不怕吃苦,也不怕吃亏,只想跟着袁老师多学一些知识,再苦再亏也心甘情愿。

袁老师高兴地收下了他当助手。

从这以后,袁隆平不再是单枪匹马研究杂交水稻了。无论是瓦盆之间,还是田间地头,都成了师生三人探索杂交水稻奥秘的大课堂。

袁隆平看着两个年轻的学生勤快好学,对这个在别人看来像玩孩子游戏一样的栽培实验充满热情,心里非常高兴。他几年来独自从事的事业,现在有了两个年轻人的热情参与,他感受到了新的希望和力量。

面对两个既好奇又好学的助手,袁隆平耐心地解释这项实验的重要性和艰巨性。他发现的那株天然杂交稻,优势是那么强大,从一棵单株分蘖出10余穗,每穗有160粒~170粒壮谷。如果田里长的都是这种杂交稻,它的亩产就能达到500千克,在不增加任何投资的同等条件下,比现有水稻品种大幅度增产。如果能利用这种优势,那就意味着每年的粮食产量能翻倍增长,种田的农民就能吃饱肚子,不再挨饿了。

袁隆平还告诉两个助手,玉米、小麦、高粱的杂交优势,已被国外广泛应用于大田生产,水稻杂交也应该有办法做到。

尹华奇和李必湖听了,感到眼前这几十个瓦盆里的禾苗不同寻常起来。那细小的绿色禾苗,承载着袁老师让老百姓吃饱肚子的朴素愿望。

他们对饥饿的体验太深刻了,决心跟着袁老师探索杂交水

袁隆平与助手李必湖(右)、尹华奇(左)在田间

稻的奥秘。

可是，一场规模更大的政治运动到来了。

1966年6月，"文化大革命"像暴风雨一样席卷全国，安江农校变得不再安宁。宣传栏里，教室走廊上，到处贴满了乱七八糟的大字报。有几张大字报上写道——

"袁隆平篡改毛主席亲自制定的农业'八字宪法'，罪该万死！"

"打倒篡改毛主席指示的现行反革命分子袁隆平！"

袁隆平一看，被吓出一身冷汗。大字报上揭露他"矛头指向最高领袖""篡改毛主席指示"，这可不是一般的问题了。这可是一颗担当不起的重量级炮弹。

那是几年前的事情了，一个春播季节，他在无意中发了几句感慨。

那次上级来了指示，必须在规定的时间内完成稻谷播种。当时正值寒潮天气，一些人机械地照上级指示办，播下的秧苗都烂了。袁隆平按天气的实际情况，推迟了插秧期，秧苗保住了。

看着自己播种的秧苗成活了，他当然很高兴，就感慨地说："农业'八字宪法'，只讲了'水、肥、土、种、密、保、管、工'八个方面，我看还要加一个'时'字，让领导生产的人都知道'不误农时'的重要性。"

这么几句话，有人立即记录下来，还向工作组作了汇报。这些人说："袁隆平好大的胆，毛主席制定的'八字宪法'，他还要加一个'时'字！"

袁隆平吓了一跳。他一心搞育种实验，不喜欢开会，连"八字宪法"是毛主席制定的,他也不知道。一时兴起,发了几句感慨,这可惹出了大麻烦,被人记录在小本子上,向领导作了汇报,当时就挨了批评,说他是"修正主义"。时过几年,他以为这件事已经过去了,不料现在又被大字报揭发出来,成为要把他打成"现行反革命分子"的有力证据。

现在,遇到更大的政治运动,造反派用大字报制造舆论,用打砸的手段落实行动。就在大字报贴出来时,袁隆平用来栽培水稻秧苗的60多个实验盆,全部被砸烂了。盆里的实验秧苗全部被毁坏,弄得满地狼藉,惨不忍睹。

几年的心血就这样被毁,袁隆平气得浑身颤抖,眼里淌下泪水。他回到家里,躺在床上。这个打击太大了。

妻子邓哲从来没见过袁隆平伤心流泪,她抱着只有一个多月大的儿子五一说:"顶多是开除你。你去当农民,我去当农妇。只要不离开土地,秧苗还可以重新培育,杂交水稻还是可以搞成功的。"

袁隆平从妻子的劝慰中振作起来,偷偷地摸到水池边,在烂泥和瓦片中,找到了部分残存的秧苗,悄悄藏进果园的臭水沟里。

那几蔸绝处逢生的秧苗,在臭水沟里偷偷地成长着。

不几日,安江农校"揪"出了一批"牛鬼蛇神"。袁隆平做好了思想准备,悄悄地向尹华奇和李必湖两名助手作了交代,一旦自己被关进"牛棚",他们要注意照料臭水沟里的"宝贝"。平时在公众场合不要和他亲近,以免受到牵连。

不知为什么,他并没有被当作"牛鬼蛇神"抓起来。

有一天,工作组负责人找他去谈话,袁隆平以为是让他去住"牛棚"了。这一回,他居然猜错了,工作组负责人鼓励他搞好水稻研究,对他态度不错,不像对待阶级敌人的样子。袁隆平思想上顿时轻松了许多。

第二天,他挑起粪肥送到实验田去,一路上还哼着美国民歌《老黑奴》。又过了几天,没有人与他为难,他的胆子大起来了,把藏在臭水沟里的秧苗搬出来,好让它们多接受一点雨露阳光。实验稻抽穗扬花了,他还壮着胆子,主动找工作组负责人,要求批准他每天中午请假给实验稻穗授粉。没想到,工作组的负责人也同意了。

袁隆平的几个要好的同事,都被打成"牛鬼蛇神",押进"牛棚"管制劳动。他挺纳闷的,弄不清楚自己为什么这样"幸运"。直到第二年,谜底才被揭开。由于形势变化,去年工作组的负责人被赶下了台,他向袁隆平透露了当时的秘密。

原来,去年是准备揪斗袁隆平的,而且要老账新账一起算。要算老账,就查他的档案。那些人翻开他的档案,意外地发现了一封从国家科委九局发来的公函。那个红头文件的公函,肯定了袁隆平在论文里作出的预言,要求湖南省科委和安江农校支持他的实验工作。

工作组看着北京发来的公函,不敢轻举妄动。他们带着这个文件去请示黔阳地委的领导:"袁隆平算不算保护对象?"当时的地委书记孙旭涛看了公函后,肯定地回答:"当然算保护对象。"

袁隆平这才化险为夷,没有被打成"现行反革命分子",反而得到了保护。

在最艰难的岁月里,国家科委九局局长赵石英发出的公函,对袁隆平和他的杂交水稻研究起到了保护作用。

1994年,袁隆平用自己得到的奖金设立了"袁隆平杂交水稻奖励基金",用来奖励对杂交水稻事业做出贡献的人。举行第一届颁奖活动时,袁隆平授予原国家科委九局局长赵石英同志奖项,以表达对他的感激之情。

由于得到国家科委九局公函的保护,袁隆平的实验禾苗走出了臭水沟,搬到了光天化日之下。湖南省科委考虑到这项科研的重要性,决定将"水稻雄性不育"课题正式列入省级科研项目,拨给研究经费600元,还同意尹华奇、李必湖留校当袁隆平的助手,师生三人组成水稻雄性不育科研小组。

师生三人避开政治斗争的旋涡,忙碌着水稻雄性不育性的研究。

1968年春天来了,那些躲藏在臭水沟里的秧苗,经过他们反复繁殖,已经发展成为两分地的实验田,秧苗插在中古盘7号田里。

秧苗插下去半个多月了。袁隆平满怀希望,风雨无阻,天天骑着自行车在学校与实验田之间来回奔波。

每次走进中古盘7号田,袁隆平总是贪婪地呼吸着田野的气息。他看着那些迎风摇动的秧苗,感悟到了一种美好和安宁。他觉得它们不仅有生命,而且有思想。每一片稻叶,每一株纤尘不染的水稻,都仿佛会说话、会唱歌,听得懂自己心里的呼唤。田野上的风一阵阵从禾苗上吹过,那层层绿波和轻轻风声,把如火如荼的政治运动赶得远远的。

师生三人精心照料田里的禾苗,觉得它们长得太慢。他们希望禾苗快点长大抽穗,快点开花结实,好让他们加快繁殖培育的进度。

5月18日这天,正是周末。两个助手暂时离校了,袁隆平独自管理秧苗。傍晚,他和平日一样,在实验田边走了一圈又一圈,仔细观察秧苗的生长情况。秧苗移栽到田已经半个多月,经过精心培育,长势喜人。70多块标记小木牌挺立在秧苗旁,仿佛是站岗的哨兵。

袁隆平做了观察记录,天快要黑下来,才回家去了。

第二天是星期天,袁隆平吃过早餐,骑上自行车去了实验田。

来到田边,眼前的景象使他大吃一惊:昨天傍晚还好端端的秧苗,只过了一夜就一蔸不剩地全部被拔光了,实验田里布满了乱七八糟的脚印。

天哪!经过两年多努力,流了多少汗水,用捡来的几根秧苗培育出来的这些实验材料,再次遭到了灭顶之灾!

袁隆平只觉得脑子里"轰"的一声,浑身发抖,两眼发直,感到天旋地转。他的心像被利剑刺穿,脑袋像被闷棒打中。实验材料再一次被毁,杂交稻的研究难道就这样被断送掉?

在泥地里呆坐了许久,他回过神来。他含着泪水,忍着悲愤,走进烂泥巴田里,寻找劫后余生的秧苗。在田埂边的污泥中,他发现了半埋着的五株秧苗,就连泥带根把它们抱回家,插在实验盆里。

袁隆平不甘心,还在四处寻找失踪的秧苗。

案发后的第四天,他在一口井里发现了一些浮在水面的秧苗,捞上来几株一看,果然是他的实验秧苗。他不顾井深水冷,

"扑通"一声跳下井去,可是无法捞到沉到井底的秧苗。

学校领导派人抬来了抽水机,把井水抽干,捞出了井底的秧苗,但已经全部沤烂了。

"5·18毁禾事件"是一宗蓄意的恶性破坏事件,纯粹是想阻止袁隆平的研究,不让他的研究成功!

尽管报了案,但当时整个社会一片混乱,这个人为破坏的案件,一直没有查出结果,成了至今未破的一桩谜案。

有人却放出谣言,说毁禾事件是袁隆平自己干的。他们说:"这个实验是3岁小孩做的玩意,根本搞不出什么名堂来。袁隆平拿了省里的科研经费,搞不成功,骑虎难下,交不了差,干脆自己把秧苗破坏掉。这样,一方面可以向上级交差,另一方面又可以达到陷害他人的目的。"

袁隆平感到痛心,却坚持不懈。他一如既往地照料着那几株抢救出来的秧苗。

第八章

实验中的克难攻艰

　　袁隆平体验着酸甜苦辣，培育着实验秧苗。在那段让他感受痛苦而又坚守希望的岁月里，世界各国的经济、科技和教育正在发生着全新的变化。

　　1961年，苏联宇航员加加林乘坐宇宙飞船，飞离地球，进入太空，人类完成了文明史上的又一次飞跃。

　　1969年，美国的"阿波罗11号"飞船登月成功，人类首次踏上月球。这些重大的科技事件，预示着科学技术在人类社会的生活和经济发展中将发挥越来越大的作用。

　　也就是在这一年，美国第一个阿帕网（ARPANET）连接建立并投入使用。经过几年成功的运行后，发展成为连接许多大学、研究所和公司的遍及美国领土的计算机网，并能通过卫星通信与相距较远的夏威夷州、英国的伦敦和北欧的挪威连接，使欧洲用户也能通过英国和挪威的节点入网。电子网络系统的建立和运行,标志着知识经济的悄然崛起。

也是在1969年,美国湖滨中学率先开设电脑课。后来的知识经济英雄比尔·盖茨正是湖滨中学的学生。当时电脑还是很稀奇的东西,比尔·盖茨和他的同学编出了电脑登月游戏程序。

中国邻近的亚洲国家,包括战败的日本,在战后初期都是经济落后与贫困的国家,但从20世纪60年代以来经济迅速增长。首先是日本,专心搞经济建设,加强教育事业的发展,创造了经济起飞的奇迹。1968年,日本一跃成为仅次于美国的资本主义世界经济大国。1960年至1970年,日本国内生产总值年均增长率达两位数(10.4%)。这个资源贫乏的岛国,在20年内超过了大多数西方发达国家,表现了巨大的经济活力。

亚洲"四小龙",即韩国、新加坡、中国的台湾和香港地区,经济基础薄弱,属于发展中国家或地区。20世纪50年代人均国民生产总值不过几十到几百美元。"四小龙"的经济起飞始于20世纪60年代,到20世纪70年代初经济加速发展,一直保持较高的增长速度。

美国出于战略上的考虑和需要,先是扶植日本,然后是扶植中国台湾、韩国,进而遏制苏联,封锁中国。新中国成立后的几年,尽管处在国际社会的封锁和孤立之中,但在"自力更生、艰苦奋斗"精神的鼓舞下,中国经济得到迅速恢复,出现了良好的发展局面,并不逊色于周边国家的发展水平。可惜好景不长,由于政治运动的频繁不断,中国经济发展的正确方向受到严重干扰和影响,错失了经济腾飞的良机,在世界经济的同一起跑线上掉下队来。

袁隆平沉浸在雄性不育株更代繁育的工作中,他满怀着美好的希望,却不时受到各种干扰。

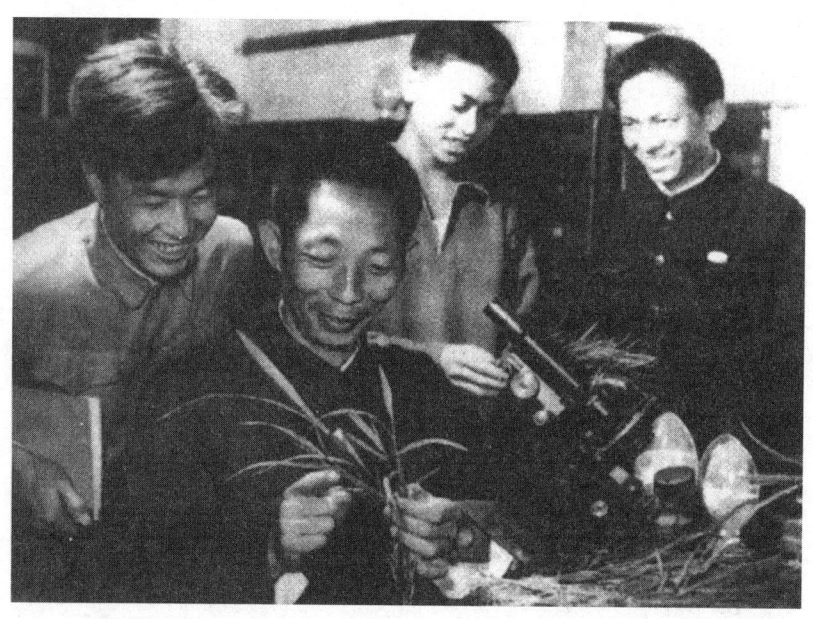

袁隆平与学生们一起研究秧苗

1968年秋天,终于有了令人高兴的转折。湖南省科委和省农业厅考虑到杂交水稻实验对实施毛主席提出的"以粮为纲"战略有着重大作用,决定成立"湖南省水稻雄性不育科研协作组",把袁隆平调到省农科院来,另外再选派几个人,一起参与研究。

袁隆平带着两个助手,跳出了雪峰山深处的安江小镇,来到省城长沙,在省农科院继续进行水稻雄性不育研究工作。

回顾过去几年杂交育种走过的路程,总结经验和教训,袁隆平觉得,要想加快育种步伐,不能只限于在长沙和安江两地,而要到气候炎热的云南和海南岛去。那些地方气温高,每年可多繁殖一两代稻子,加快杂交实验进度。

从此每年10月中旬,当北风带着寒意吹到洞庭湖畔,袁隆平和助手尹华奇、李必湖带着这一年收获的稻种,风尘仆仆地奔向南国育种。

1969年12月,师生三人来到了云南省元江县。这里位于北回归线的北侧,仍然温暖如春,而这时湖南境内已经水瘦山寒。

他们租住在元江县农技站的一座无人居住的平房里,还租了农技站的水田作为实验田。他们一边浸种催芽,一边整理田地。

12月29日,他们把雄性不育材料的珍贵种子浸下了水。

元旦来临,傣族兄弟敲起了象脚鼓,迎接新年的到来。

元月2日凌晨,袁隆平在睡梦中被猛然惊醒。他发现身子下的床在晃动,天花板上"噼里啪啦"掉下石灰块。

"快起来,地震了!"袁隆平大叫一声。

两个年轻人醒来,赶紧提着浸了稻种的铁桶往外跑。才过了一会儿,那座平房"轰隆"一声倒塌了。

天亮了,余震不断发生,大地仍在晃动。

广播里报道,离元江150千米的峨山县发生了7.6级强烈地震,受到波及的元江县,震级也在5级以上。

农技站的老支书劝他们说:"这里是危险区,你们应该赶快离开。"

袁隆平指着浸在铁桶里的稻种说:"种子都要下田了,我们怎么能离开?"

他们在水泥球场里用塑料布搭起了一个窝棚。水泥地上垫了几把稻草,再铺上一张草席,就成了床铺。

种子该催芽了,他们在窝棚里拴上一根绳子,把铁桶里一个个装着谷种的小布袋捞出来,挂在绳子上。每隔几个小时浇一次水,好让谷种在布袋里发芽。

又一次余震发生了,随着大地的晃动,挂在绳子上的小布袋不停地摇摆着。师生三人见了,相视一笑。

发了芽的稻种播在摇晃的土地上,秧苗在南国的暖风里茁壮成长。

粮食供应发生了困难,只能拿当地的甘蔗充饥。他们三个人吃得口腔里一齐磨出了泡。

经过4个多月的辛勤劳动,他们又繁殖了一代雄性不育的种子。

以后每年冬季,他们像候鸟一样,飞向温暖的南方。他们在南国的水田里,繁殖育种,加速实验。他们把这种追着季节走的育种方式,称为"南繁"。这段生活是极其艰苦的,由于长期饮食没规律,袁隆平患上了过敏性肠炎。

南繁育种,他们的足迹遍及云南的西双版纳、海南岛的黎寨和苗寨,争取了宝贵的时间,一年抵了两年用。

袁隆平与助手李必湖(左)、尹华奇(右)在田间

师生三人成了一支追赶季节的流动育种队,虽然科研经费紧张,但大家目标坚定,都能吃苦耐劳。他们的身影出没在天南地北,他们的行踪机动灵活。

袁隆平赞美海南岛是培育杂交水稻的"伊甸园"。海南岛是中国第二大岛,面积三万多平方千米,被称为南海上的一颗"明珠"。岛上覆盖着大片的热带森林,植物种类繁多,终年常绿,树干高耸,树冠参差不齐。那里风景优美,空气新鲜,而且是橡胶、椰子、油棕、剑麻、胡椒等热带经济作物的重要产地。冬季的海南岛,光照充足,称得上是"育种者的天堂"。

海南岛优越的气候条件可使水稻种三季。袁隆平充分利用这一气候优势,在每年11月至来年4月,带着两个助手到海南岛南端的三亚南红农场,进行杂交稻的育种和制种工作。每年多种一季实验稻,实际上加快了世代繁殖效应,加快了杂交繁育的速度,为早日成功赢得了宝贵的时间。

当年的海南岛,经济还比较落后,生活条件艰苦。

袁隆平和他的助手住在租来的茅屋里,窗户很小,屋里光线暗淡,夜晚没有电灯。他们以地当床,在竹竿上铺上稻草和椰树叶,搭成地铺。

白天,他们在田里劳作,海南岛稻田的蚂蟥之多真叫他们大开眼界,田野里不时响起他们捉爬到腿上的蚂蟥的叫声。

傍晚,他们结伴到大海里去游泳,宽阔的海洋任凭他们戏水。

夜里,他们点起蜡烛、煤油灯,不顾成群结队的蚊虫叮咬,读书看资料,记科研笔记。

尹华奇在文章里回忆道：袁隆平"从浸种、播种、育秧、移栽、施肥、打药、抽穗、杂交、选育、收种，再到播种，一道道工序，一个个环节，全都亲自到位。特别是当时没有任何现成的杂交水稻理论可借鉴，经验只能从一季一季的失败中去总结。除此之外，还要去迎接那些来自传统的旧思想的挑战"。

那时候，许多高层的专家坚持传统的理论，对他们的杂交水稻实验持否定的态度，认为没有成功的希望。

袁隆平和他的助手不怕苦不怕累，要把自己追求的希望变成现实。他们每年冬季在海南岛繁育一季水稻，要在那里生活四个月，过春节也不能回家团聚。

除夕之夜，师生三人坐在茅草屋里，守着一个小茶炉，每人冲一杯清茶，天南地北地神侃。为了让两个年轻人开心，袁隆平用武汉话、重庆话、南京话讲起他在不同的城市生活时发生的故事和趣事，讲他看过的外国小说和电影故事……

每逢佳节，袁隆平特别牵挂家里。他离家在外的这些年来，妻子邓哲独自支撑着一个家。当时他们夫妻的工资不足百元，要支付柴米油盐的费用，要照顾两家的老人，够邓哲精打细算的。袁隆平远在海南岛，只能把对家人的思念写成家书，让书信越过千山万水，飞抵亲人手中。而他，由于实验总是达不到理想效果，不得不一次次推迟归期。

农历的新年到了。他们像往常一样，一大早就吃了饭，赤脚踩进水田，一如既往地忙碌着。他们是最早感受到春天到来的劳动者，是想方设法要改变水稻的探索者。他们在艰难的实验中，自己也被改变着。他们变得像植物一样，对季节和土地如此敏感而依恋。

那段难忘的岁月,正是中国社会处在"阶级斗争必须年年讲、月月讲、日日讲"的年代,袁隆平和他的助手一心扑在农田里。他们仿佛是那个时代之外的人,忙碌着培育绿色的禾苗,用汗水换取金色的种子,从土地和季节里得到最大的充实和安慰。

然而,元江育种的实验发现了新的问题:不育率没有提高,反而由原来的70%下降到60%多。这到底是什么原因呢?怎样才能尽快突破实验的僵局?袁隆平陷入了苦苦的思索。

几年里,他们结合玉米、高粱杂交的经验,已经先后用1000多个品种的常规水稻,与最初找到的雄性不育株及其后代进行了3000多个杂交实验,却始终没能找到一个能100%保持不育的水稻品种。

这表明,他们还没有为不育材料找到一个真正有用的保持系。这个巨大的难题,让他们感到头痛。

如果不育率达不到100%,不育系就不能算成功。袁隆平知道,"提高不育率,达到100%",这是杂交水稻研究中必须达到的一个目标。

怎样才能突破目前的徘徊局面呢?

袁隆平反复琢磨,从实验课题的方向开始进行全面的重新论证,因为搞科研的关键是方向对不对。如果方向不对,自己再努力也没有用。只要方向是对的,通过努力总会有成功的那一天。袁隆平紧紧抓住一点,那就是,杂交优势是生物界的普遍规律,他因此认定自己的研究方向并没有错。可是,成功的希望若隐若现,总是遥遥无期。

那么,到底是什么地方出现了问题,使得育种实验迟迟不

能取得突破呢？袁隆平感到非常困惑。

面对实验中的难题，袁隆平坚信能够找到解决的办法。

夜深人静，袁隆平久久不能入睡。他披衣起床，找出几年来的实验资料，从观察记录到实验报告，一一翻看起来，想从中理出一个头绪。

种种实验，代代繁殖，像过电影一样，一幕一幕地在脑海里呈现出来。各种各样的疑问、设想，提出来，肯定，又摇头否定。

难道是实验材料上出的问题？袁隆平联想到遗传学上关于杂交材料亲缘关系的远近对杂交后代影响的有关理论，觉得问题可能就出在实验材料上。

以前的几组实验情况浮现在他的脑海里——

籼稻不育型种子与常规籼稻杂交，效果不好；

粳稻不育型种子与常规粳稻杂交，效果也不好；

籼稻不育型种子与常规粳稻杂交，效果有所提高。

前两种情况效果差，可能是所用的杂交材料的亲缘关系太近，就像人类近亲结婚，生下的后代不聪明一样；后一种情况好一些，可能是所用的杂交材料的亲缘关系远一些。

几年来，他们所用的杂交材料，尽管品种数量超过1000种，但都是栽培稻品种，从地理环境到生物学特性，它们之间的亲缘关系还是比较近的。倘若再把杂交材料的亲缘关系拉大，用一种远缘的野生稻与栽培稻进行杂交，效果可能会更好些吧？

想到这里，袁隆平精神大振。他提出"用远缘的野生稻与栽培稻进行杂交"的新设想，决心不再在栽培稻里兜圈子。

对,跳出在栽培稻里找材料的圈子,去寻找野生稻!袁隆平兴奋地想。

他立即把助手们找来,讲述了自己要走远缘杂交道路的思路,并详细地向他们讲解野生稻的发源地、特征。

他们立即行动起来,从云南引进了野生稻种,打算进行杂交实验,由于没有进行短光照处理而未获成功。

1970年夏天,湖南省召开了一次杂交水稻科研座谈会,请来40多位农业界的专家参加会议,希望他们为陷入了艰难中的实验提出一些有用的建议,想一想办法。但是,那些专家中,却没有几个人相信袁隆平的科研设想能成功。中国科学院的一位学部委员在发言中,坚持传统的理论观点,说:"自花授粉作物自交不退化,杂交无优势,研究杂交水稻毫无意义。"

袁隆平听了这番话并不气馁,反而更加坚定了决心,要把实验做下去。

1970年秋天,袁隆平带领助手又来到海南岛崖县(即今三亚)的南红农场。安顿下来后,他们立即浸种催芽,播种育秧。

三亚位于海南岛最南部,被称为"天之涯、海之角"。这里地处低纬度,

三亚南红农场

属热带海洋性季风气候区,年平均气温25.7℃,素有"天然温室"之称。袁隆平利用这里良好的自然条件,在南红农场附近建立实验据点,租房子,租水田,开展育种实验。直到1982年,湖南省农业厅拨款2万元,建了一座平顶砖房,打了一口井,架设电线装了电灯。袁隆平的科研人马这才有了一个固定的"家",以后这里被逐步发展成为杂交水稻实验基地。

这次来海南岛时,李必湖一路上喜滋滋的。原来他的妻子刚生下孩子,他做父亲了。袁隆平说:"你刚当上爸爸,心里想孩子了吧?"

李必湖实话实说:"还真有点想呢,要是几个月不回去,他肯定不认得我这个爸爸了。"

"呵呵,你们这些人哪,孩子丢给老婆一个人管,自己跑到天涯海角来给水稻催生繁殖,真是太有意思了。"还没结婚的尹华奇故意逗乐。

袁隆平感到,这两个跟着自己走南闯北的年轻人真是太不容易了,常年抛家不顾,在北回归线两侧的土地上来回奔波,湖南、云南、海南三地跑,一年里栽培三四季稻子,比种地的农民还辛苦,真是难为他们了。说到待遇,这支育种队一年只有3000元研究经费,两个助手每月拿18元生活费,每人每天给0.5元出差补助费,这就是他们全部的报酬。如果不是出自对杂交水稻研究的执着,出自对他这个老师的信任,他们何必来吃苦呢?

袁隆平感叹弟子们不容易,其实他自己何尝不是如此?共同的事业把他们紧紧地联系在一起,组成了这个清贫、快乐而充满使命感的科研小组。

南红农场的实验田里,播下的种子冒出了幼芽。袁隆平决定到北京去查阅资料。他交代两个助手,一边照顾秧苗成长,一边抓紧在附近进行野外调查,争取尽快找到野生稻。

袁隆平到了北京,在中国农科院的资料室看到了外文报刊上刊登的一些重要的研究动态。早在1968年,日本琉球大学教授新城长友实现了粳稻的三系配套,只是由于杂交组合优势不明显,还没有投入生产应用。因此,这项研究还只有理论价值,没有成为一项实用技术。

袁隆平感到时间紧迫,决心尽快实现籼稻型水稻的三系配套,抢在世界的前列,把它变成一项应用技术!

就在这时,他惊喜地收到两个助手发来的电报:"找到雄性不育野生稻。"他来不及买车票,连夜挤上火车,直奔海南岛。一到农场,他就来到实验田边,看到了那株比金子还要贵重的野生稻。

这株野生稻,是李必湖和南红农场的技术员冯克珊发现的。

11月23日上午,他们在离农场不远的一片沼泽地里,找到了一片面积约0.3亩的野生稻。当时正值野生稻开花,容易识别生殖性状。李必湖像袁隆平当年寻找雄性不育株一样,在野生稻丛中一株一株地仔细观察。

奇迹终于出现了!李必湖发现了三个雄花异常的野生稻穗,它们的花药细瘦,呈火箭形,色浅呈水渍状,不开裂散粉。这三个稻穗长在同一个禾蔸,是从一粒种子成长起来的不同分蘖。

李必湖和冯克珊反复观察,确认这是一株野生稻。他们惊喜不已,把这蔸不育型的野生稻连泥挖起,移到实验田里栽好,等待袁老师回来做最后的鉴定。

袁隆平仔细观察后,采集了稻花样品,放在显微镜下进行检验。他最终确认,这确实是一株十分难得的野生稻雄性不育株。鉴于它是一株碘败型花粉败育的野生稻,袁隆平把它命名为"野败"。

从第二天起,李必湖用实验田里仅有的一个正处在抽穗末期的籼稻品种"广矮3784"与"野败"杂交,连续4天,共杂交8个组合,65朵小花。因遭风雀啄食,只得到了珍贵的3粒种子。

1971年元月,他们采用无性繁殖分蘖的方法,把"野败"插在实验田空余的地方,分3个地段,共插了46株。

"野败"群体

后来,"野败"在实验中显示出巨大的优势,正如袁隆平预想的那样,它为杂交水稻研究打开了突破口。

谈到发现"野败"的功绩时,袁隆平指出:"有人讲李必湖等发现'野败'只是靠运气,这里有一定偶然性,但必然性往往寓于偶然性之中。一是李必湖是有心人,是专门来找野生稻的;二是他有这方面的专业知识。当时全国研究水稻雄性不育性时间比较长的,只有李必湖、尹华奇和我,所以宝贵的材料只要触到我们手里，就能被一眼识破。别人即使身在宝山，也不见得识宝。这就是李必湖发现'野败'的必然性。"

李必湖在后来写的《袁隆平成功的内在动力和外部环境》一文里指出："袁隆平充分了解我国的自然条件和水稻资源……在杂交水稻研究徘徊不前的时候，他制订出走远缘杂交的路子，后发现'野败'，一举找到了杂交水稻研究的突破口，取得成功。"他还写道："袁隆平成功的原动力来源于人类生存和社会发展的需要，他总是把社会的需要当作自己的理想追求，把为人民谋利益作为自己的工作目标。"

1972年，袁隆平在《利用"野败"选育水稻不育系的进展》一文中写道："用以前的材料和方法，采用筛选法和人工制造法，是很难获得保持系的，至少我们感到前景渺茫。唯'野败'的表现与其他不育材料不同，真是异军突起，别开生面，给实验带来了很大的起色。"

美国著名农业经济学家唐·帕尔伯格先生在他的著作《走向丰衣足食的世界》中，专门论述了袁隆平和他的杂交水稻，其中谈到发现"野败"的意义时，他这样评说——

> 李(必湖)先生在海南岛能找到这种原始材料，发现其杂交价值就更为稀罕了。"野败"植株通过杂交能把可育的雌蕊和败育的雄蕊遗传给后代的可能性微乎其微，由此产生的雄性不育的可能性对一个恢复基因作出响应的可能性同样是很微小的。所有上述事件同时出现的概率，用统计学的术语来说，明显是小概率事件。小概率事件就是偶然事件。可是这种奇迹居然发生了。

在阅读农业科学史时，人们一定对偶然事件的巨大作用留下深刻的印象。安东·万·李文霍克就是在显微镜下，对一滴污浊的死水的无意观察时发现了微生物。爱德华·琴纳看到挤牛奶的女工免出天花而发现了接种疫苗。路易斯·巴斯德为着另外的目的，对两缸甜菜浆汁的偶然对比观察推进了病原菌理论的发展。亚历山大·弗莱明偶然从雾都伦敦天空飘落在他培养皿中的纤尘中发现了青霉素。霍尔曼·威克斯曼从一只病鸡喉头取出的一块泥土中发现了链霉素。麦兹和奥列弗尔·耐尔松在对近交系玉米进行正常测试时发现了含高赖氨酸的玉米。S.C.萨门偶然在日本一个农业实验站为博洛格高产麦田的建设觅得了一块"基石"……这样的例子还可以举出很多很多。

这些发明创造的一个共同特点是，当事人不仅是亲眼见到了这些事物，而且从内心领悟并很快抓住了这些事物的本质。这就是科学工作的本质。机会成就了有心人。

机会成就有心人。只有那些有准备的人，才能抓住机会。袁隆平用"野败"作为新的杂交材料，在实验中显示出巨大的优势，突破了徘徊局面，看到了成功的曙光。

第九章

迎来成功的曙光

　　当时湖南省的有关领导考虑到粮食增产的需要,要求加强杂交水稻科研队伍的力量,争取让杂交水稻早日取得成功。1970年底,省农业厅贺家山原种场的青年技术员周坤炉和湖南农学院的青年教师罗孝和等人,加入了杂交水稻实验队伍,随袁隆平来到海南岛,成为他的科研助手。

　　这支队伍中,从湖南省隆回县农村出来的罗孝和,年龄与袁隆平相当,性格直爽、乐观,大家经常和他开玩笑,给他取了一个外号"乐呵呵"。

　　当时生活艰苦,袁隆平让他管理伙食。他们从湖南带了一些腊肉去,海南岛天气热,腊肉挂在厨房里不停地滴油。"乐呵呵"生怕别人说他多吃了,每天拿秤称一称腊肉,称完了立即报告说:"袁老师,又少了二两。"经常惹得大家开怀大笑。

袁隆平有时亲自下厨烧菜,他最拿手的菜是油炸花生米。有一次,他把油倒进锅里,半天不见油响。原来负责烧火的同事技术不过关,把灶里塞满了柴。那些柴是他们自己上山砍回来的,还是湿柴,烧起来只冒烟。袁隆平立即进行烧火技术示范,好半天才把那盘花生米炸好。

工作之余,他们一起去海里游泳。罗孝和也喜欢游泳,而且游得不错。当时他并不知道袁隆平游得怎么样。他第一次和袁隆平去游泳,就发出了挑战,说:"袁老师,我们来比一比。"袁隆平说:"你先游,我来追你。"罗孝和说:"那不行,我们要公平竞争。"结果袁隆平游到了对岸,他落后了十多米。

罗孝和不肯服输,他确实是有实力的,以前在湖南农学院参加横渡浏阳河的游泳比赛,得过第六名的好成绩。他说,他擅长的是蛙泳,还要比一次。他哪里知道,袁隆平是武汉市中学生游泳比赛的第一名。他们第二次比,罗孝和又被袁隆平抛在后面十多米。他这才知道,自己遇到高手了。袁老师和他有着共同的爱好,这让他感到格外高兴。从此,他跟着袁隆平在风雨和阳光里辛苦地进行杂交水稻实验,吃苦耐劳,艰难地探索。

当时农业界和遗传学界高层学者对杂交水稻研究缺少兴趣,对这个实验的成功缺乏信心。但是,国家科委和农业部考虑到粮食增产的重要性,在1971年初组织了杂交水稻科研的全国性协作组。

1971年3月下旬,湖南、广东、广西、江西、福建等13个省、市、自治区的18个科研单位的50多名农业科技人员,先后来到了袁隆平的海南岛基地——三亚南红农场,并分住在附近一带,前来学习和参与研究。

这时,"野败"已经完成第一次杂交实验,它的杂交第一代已表现出非常优越的雄性不育保持功能。这是杂交水稻研究上的一个重要转折。

袁隆平深深懂得,要把"野败"转育成不育系,进而实现三系配套,直到应用于大田生产,这中间还有一道又一道难关。因为"野败"不育株除不育性外,其他性状基本上与普通野生稻相同,在生产上无直接利用价值,必须精心进行转育的工作。

用野生稻作为实验材料,与人工栽培稻进行杂交,实质上就是进行基因置换,通过一次次组合繁殖更新换代,把有益的基因遗传到下一代,把不利的基因淘汰掉。现在袁隆平和他的助手需要加快进行这项工作,通过不断杂交繁殖,把"野败"的不育基因转入栽培稻,进而培育出生产上所需要的不育系、保持系和恢复系,从而实现三系配套。

要完成三系配套,还有许多工作要做,技术难度也是很大的。他们师生是将"野败"这一最新实验材料封闭起来,关门研究,还是让更多的科研人员协作攻关呢？当时还没有什么人知道"野败"和它的价值,要实行技术保密是容易做到的。袁隆平没有这么做。他想到的是,多一个人参加研究,就多了一份力量,就多了一份早日把杂交水稻实验搞成功的把握。

面对来自全国各地的科技人员,袁隆平毫无保留,及时报告了他们师生的最新发现,慷慨无私地把辛勤培育的"野败"材料分送给了那些科技人员,让他们一边学习一边实验。

袁隆平还在驻地开辟了教室,架起了黑板,办起了杂交水稻研究速成班。白天,他在实验田里示范技术操作。晚上,他给各地技术员讲理论课,把自己多年积累的知识传授给大家。

袁隆平以无私的胸怀、高尚的品德和对杂交水稻的深入研究,赢得了各地科研人员的敬重,成为中国杂交水稻研究的总设计师和学术领头人。

袁隆平指导大家用"野败"与不同的品种进行杂交实验。各省的实验组在实验田里忙碌着。

短短一年多的时间里,来自全国各地的100多名科研人员,选用长江流域、华南、东南亚、美洲、欧洲等地约1000多个水稻品种,与"野败"进行了上万个转育实验,加快了杂交水稻的研究进程。

袁隆平、周坤炉等育出了"二九南1号"、"威20"不育系和保持系。

袁隆平与周坤炉(左)等在海南选育不育系

江西省萍乡市农业科研所的颜龙安等育出了"珍汕97"不育系和保持系。

福建的杨聚宝等育出了"威41"不育系和保持系。

但是,恢复系仍然没有找到。三系不能配套,杂交水稻依然不算培育成功。

三系杂交水稻能否配套成功呢?这是当时理论界争论的焦点之一。有人曾经预言:"袁隆平等人60年代搞的不育材料,易找恢复系,但没有保持系;而现在的'野败'不育材料正好相反,虽获得了保持系,但不一定找得到恢复系。"

袁隆平并不为理论界那些评头品足的议论所动摇,他是一个实干家,他的研究是从实践起步的,也坚信能从实践中找到解决问题的办法。他充满自信地推断,恢复系一定会在近期筛选出来。

1972年3月,杂交水稻研究被国家科委列为全国重点科研项目。

这年9月,在湖南长沙召开了第一次全国杂交水稻研究科研协作会。许多农业科研机构和大专院校参与基础理论研究,与育种工作者紧密配合,形成了全国性的协作攻关阵势。

这年秋天,袁隆平带着10来名助手从长沙动身去海南岛。为了争取育种的时间,他们在长沙就把稻种浸湿催芽。路途中怕稻种变坏,周坤炉把浸过的谷种捆在身上,利用自身的体温加速催芽。因为人的体温正好是催芽所需的温度,尽管浸湿的稻种捆在身上极不舒服,但是为了加快催芽,他可不管自己的感觉了。

他们没有买到火车座位票,助手们把行李堆在过道边,给袁隆平当"软席"坐。

大家吸着喇叭筒烟,跟罗孝和开着玩笑,一路谈笑风生。

到达南红农场,捆在周坤炉身上的种子立即被播进实验田。

各省的南繁实验组轮番来请袁隆平去做指导。为了避免千军万马在同一层面上实验的情况,袁隆平指导大家各有侧重,从不同的方面去突破。他指导各个实验组用"野败"与上千个不同的品种进行上万次测交和回交转育实验,扩大了成功几率,加快了研究进程。

有一天,外省科研组的几个人来湖南组请教工作,袁隆平留他们吃饭,不好意思收饭费,自己以前也在人家那里吃过嘛。管伙食的罗孝和感到为难了,不知道从哪里支付这餐饭钱。他们想买一副两毛多钱的扑克牌,都舍不得花钱。罗孝和把客人的饭钱记在袁隆平的名下。他想,到时候你袁老师穷得吸生烟丝卷的喇叭筒烟,看你心痛不心痛!

1973年,在突破了不育系和保持系的基础上,参加攻关协作的各地科技人员广泛选用各地约1000多个品种进行测交筛选,找到了100多个具有恢复能力的品种。

袁隆平、张先程等率先在东南亚品种中,找到了一个优势强、花药发达、花粉量大、恢复率在90%以上的恢复系。

这年9月,在长沙马坡岭实验田,袁隆平和周坤炉转育的"二九南1号"不育系,经过连续3年共7代的杂交实验,10个株系共3000株实验稻,终于达到100%不育、且性状与父本完全一致的标准。这是一个重大的突破。

1973年10月份，在苏州召开的全国杂交水稻会议上，袁隆平发表了题为《利用"野败"选育"三系"的进展》的论文，正式宣告我国籼型杂交稻"三系"配套成功！

袁隆平宣告的这个非同一般的消息，预示着我国应用水稻杂种优势的时刻即将来临。从人类战胜饥饿的历史来看，这是运用科技手段增产丰收、造福人类所取得的重大突破。从世界农作物育种史来看，是人类继玉米杂交和小麦杂交获得成功之后又一重大的科研成果。而从当时国际社会快速发展的知识经济角度来看，这是我国自主创新的重大科技知识产权。

但是，袁隆平的这一成果并没有获得当时与会的农学界权威人士应有的肯定。有人说，去年日本的新城长友教授访华，承认他在1968年已经成功实现三系配套，由于没有表现出明显优势，不能应用于大田生产。他们的言下之意是，你袁隆平的这个三系配套也不过如此，不要过于乐观了。

然而，新城长友搞的是粳稻，袁隆平搞的是籼稻。籼型杂交稻三系配套成功后，到底有没有大田生产的应用价值？袁隆平感到很大的压力，他只有用事实来作出回答。

袁隆平从苏州参加会议回来，遇上罗孝和，只见他愁眉不展，心事重重。原来，他的实验田里出现了新问题。

罗孝和在省农科院的实验田里，种了一丘四分地的"三超稻"，也就是产量要超过父本、母本和对照品种。这丘杂交优势实验田，禾苗生长得特别旺盛，引起了人们极大的兴趣。收割时，实验田稻谷的产量只是与对照品种"湘矮早4号"持平，稻草却增加了一倍。

对杂交水稻持怀疑态度的人，抓住这个事实不放。他们说：

"水稻即使有杂交优势,也只能表现在稻草上,而不在稻谷上。可人吃的是饭,不是草!这个杂交水稻,弄来弄去,生产上还是没有价值。"

听着这些议论,罗孝和心灰意懒,抬不起头来。

袁隆平也被军管负责人找去谈话,问这种只长草的水稻到底有什么用。他顶住压力,认真地分析这次实验,几句话就把那位负责人的担心化解了。

他满怀信心地向助手们解释他的看法:"这次实验,表面上看是失败了,但实质上却蕴含着极大的成功。有无优势是杂交稻研究有没有前途的关键。稻草的成倍增长显示,杂交优势在水稻这个自花授粉的作物上是客观存在的。至于朝哪个方向发展,则属于技术上的问题。这次稻草增产了,我们可以改良组合,下次优势不就朝稻谷上面发展了吗?"

这番精辟的分析,使罗孝和和其他助手的心又热乎起来。

为了使杂交水稻尽快应用于生产,1973年春,袁隆平在海南岛亲自配制了10多千克的杂交稻种,分给助手们试种。这年秋天,在湖南省农科院1.2亩的实验田里,这些种子收获了亩产505千克的高产量。这一事实,让杂交水稻的增产优势初露锋芒。

1974年,袁隆平扩大了实验,各个试种点都取得了显著效果。以湖南的一些实验田为例,在与常规良种稻同等管理条件下,杂交稻亩产稻谷增加50千克~100千克,增产率为20%左右。常规良种稻的草与谷之比为1∶1,杂交稻则为1∶1.4。杂交优势已经很大程度发挥到稻谷上来了。袁隆平育成了中国第一个强优势组合"南优2号",在安江农校试种,中稻亩产628千克;作双季晚稻示范栽培的20多亩水田,亩产511千克,分别比常规水稻增产30%以上。

到杂交早稻"威优35"问世后,事实雄辩地证实了杂交稻的优势。袁隆平和他率领的技术人员终于闯过了杂交水稻配组的优势关。

袁隆平闯过一关又一关,用人们看得见的事实,证明了杂交稻的增产优势,却又面临着杂交种子产量低的制种难关。

那时,制种实验田生产出的杂交种子,亩产只有5.5千克。经过成本核算,杂交种子要达到亩产40千克才合算,农民才会乐于接受。否则,种子成本太高,亩产增收的稻谷与种子成本两相抵消了,农民还是得不到实惠。

日本开展杂交水稻的研究比中国的早,未能用于实际生产,制种产量低是一个重要原因。这一关过不了,杂交水稻就无法大面积推广种植。

那些日子,袁隆平眉头紧锁,吃不好,睡不香。他深入田间地头,仔细观察调查,发现杂交制种的关键,主要取决于父本和母本的扬花时间能否步调一致。

他经过计算,每亩制种田要有154万粒稻谷授精成熟,亩产的杂交种子才可达40千克。要达到这个目标,就要让母本和父本的花期相遇,花粉能均匀地散落在母本花蕊上。

抓住了问题的关键,袁隆平蹲在实验田里,细心观察父本和母本的开花习性,寻找叶龄与花期的关系,推算播种时间,一套具有袁隆平特色的制种办法迅速在他的脑子里成熟了。

他设计了父本与母本分垄间种的栽培模式,母本成畦,父本成行,以确保母本均匀受粉。又安排父本和母本分期播种,有效地调节了花期,做到同时开花,有效地提高了稻种田的扬花受孕率。

父本、母本间种的制种田

为提高制种田扬花受孕率,他采用简单而实用的新办法,那就是"一把剪刀加一根绳子"。抽穗时,用剪刀把过多的稻叶剪掉,便于花粉飘散受孕。水稻扬花之际,实施人工辅助授粉。由两个人拉着长长的绳子在稻田两边的田埂上走过,让绳子在开花的稻穗上拂过,稻穗上的花粉受到绳子的振动,充分地飘散开来,提高受孕率。

罗孝和从实验中发现了"920"喷剂的新用途,如果父本或母本的某一方抽穗稍晚,就给它喷洒"920",催促同步抽穗,效果显著。

采取割叶、剥包、喷射"920"、人工辅助授粉等一系列综合措施,目的就是让父本和母本的花期同步,充分受粉,从而提高杂交种子的产量。这些来自田间地头最实用的"土办法",竟然让外国人无法逾越的难题迎刃而解！

用这套办法的实验结果是，1975年春，湖南协作组27亩制种田，杂交种子亩产上升到29千克，其中有的实验制种田最高产量超过了亩产50千克。

几年后，中国杂交水稻享誉世界，外国专家来到制种田参观，看到中国的制种技术员拉着长长的绳子，在稻子扬花的田野上赶来赶去，他们不知道那是在施什么"魔法"，感到非常奇怪。

当他们了解到这是"赶花粉"，目的是帮助母本尽可能多受粉多结籽时，才恍然大悟，赞叹不已。

袁隆平为全国多个示范种植点提供了种子，有意识地选择各种不同的生态环境、土壤、气候条件，进行多点实验示范，获得成功。实验证明，不论平原、丘陵、山区，杂交稻都显著增产。

这些丰产示范田，让各地的群众亲眼看到了杂交稻的增产优势。当时一些高层的农业专家还在怀疑杂交稻是否有应用价值，而广大农民群众已在盼望得到这种能够大幅度增产的杂交种子了。

杂交水稻显示的增产优势，引起了当时新到任的湖南省农科院革委会副主任陈洪新的极大兴趣和热情关注。

陈洪新出生在"人多地少"的河北农村，从小挨过饥。他青年时代投身革命，19岁就入了党，是参加过抗日战争和解放战争的"老革命"，后来随南下大军来到湖南工作。"文化大革命"爆发时，他担任湖南省郴州市市委第一书记，却被打成"三反分子"，受到残酷的批斗。1973年11月，他被降级起用，调任湖南省农科院革委会副主任。

1974年初，陈洪新前往广西农学院，主持在那里试种的杂交水稻丰产验收,看到试种的 6 亩田平均亩产 550 千克,大为振奋。他在郴州工作多年,一直关注农村粮食生产问题,了解到杂交水稻的增产潜力,对袁隆平从事的研究所具有的价值有了深刻的认识。

陈洪新以职业革命家的热情,学习和了解杂交水稻知识。他强烈地感到,必须尽快推广杂交水稻,并且要加大推广力度。

考虑到湖南经费不足,陈洪新认为,要加大杂交水稻推广,必须得到中央的支持。他征得湖南省委有关领导的同意后,于 1975 年 12 月赶赴北京。当时担任国务院第一副总理的华国锋听了陈洪新的汇报,立即做出决定,由农林部在广州召开南方 13 省、市、区推广杂交水稻专题会议。国务院拨专款 150 万元支持杂交水稻推广工作,作为繁殖杂交稻种的补助。

在党中央和国务院的大力支持下,1975 年冬,全国组织 2.1 万人去海南岛进行杂交水稻的三系繁殖和制种工作,其中湖南省就有 8000 多人,由陈洪新总负责,袁隆平任技术总顾问,制种面积达 3 万多亩。从此拉开了大规模推广杂交水稻的序幕。

这次制种突破预期的产量,获得了重大成功。来自各地的制种技术员回到家乡后,成为推广杂交水稻的骨干力量。

1976 年,杂交水稻开始在湖南推广,随即在全国遍地开花结果。当年推广 208 万亩,增产幅度全部在 20% 以上。试种杂交水稻的农民喜笑颜开,杂交水稻以不可抗拒的巨大魅力,为广大农民所喜爱。

从 1976 年全国大面积推广杂交稻以来,到 1998 年,全国杂交稻种植面积累计达 2.2 亿公顷,相当于全国水稻种植面积的 50%,而总产量占 60%,累计增产稻谷 3000 亿千克以上。

袁隆平在海南基地给南繁科技人员传授技术

从1968年到1977年的10年间,袁隆平有7个春节是在海南岛过的。那些年,他南北奔波,四海为家,把全部精力都用在了杂交水稻研究上。

他的妻子邓哲是一个贤惠、坚强的女人,无怨无悔地独自承担起繁重的家务。

袁隆平已经是三个孩子的父亲,可是后面两个孩子出生时,他都在杂交水稻的实验地,不在妻子身边。

邓哲忙不过来,有一段时间把大儿子五一送到重庆爷爷奶奶家里,把二儿子五二托付在黔阳县河口公社的娘家。袁隆平从海南岛回家时,挤出时间去探望五二,几十里山路和水路,走得很辛苦,他住一个晚上就匆忙离去。

邓哲娘家人关心而又好奇地打听他的研究进展,他摇摇头说:"正在想办法。"他们担心地问:"要是搞不成功,怎么办?"袁隆平笑着说:"那可能真要被打成'科技骗子'了,不过,也还没有完全失败。"

直到实现了"三系"配套,杂交水稻显著增产的消息传来,邓哲的娘家人才放下了心里悬着的石头。

1974年底,袁隆平的父亲病危,袁隆平却还在海南岛的实验田里。邓哲得到消息,急忙赶到重庆的家中。她征求病中父亲的意见,要不要拍电报叫隆平回来。老人家在弥留之际说:"他重任在肩,无论如何不要叫他回来。"邓哲留在父亲身边,服侍了近两个月。第二年3月,父亲因病去世了,袁隆平还在海南岛忙于杂交稻的最后攻关。他得到消息,已是一个多月之后。他满怀悲痛,对着青山绿水低头默哀。

那些年里,袁隆平生活漂泊,饮食没有规律。尤其是水稻扬花季节,中午要守在稻田里观察,带一壶水、两个馒头当中餐。长期过这种生活,袁隆平患了习惯性肠胃炎,体重下降到只有58千克。同事们为他的身体担忧,他却乐观地说:"体重减轻一点,下田还方便些。"

袁隆平舍小家为大家,为了杂交水稻事业,自己变得消瘦,让天下的农民收获了丰收的喜悦,他因此受到了广大农民兄弟的尊敬和爱戴。

改革开放之初,获得粮食丰收的农民高兴地说:"我们解决吃饭问题,靠的是'两平',一是邓小平的责任制,二是袁隆平的好种子。"这番话形象地表达了农民发家致富,一靠政策,二靠科学。

袁隆平注意了解农民的情况,特别是杂交稻推广以后,更是经常深入农村传授生产技术,留意农民反映的问题。他非常重视来自生产第一线的意见,以此作为改进杂交稻的重要参考。

袁隆平衣着朴素,皮肤黝黑,一副农民模样。他走到农民兄弟中间,农民们感到很亲切,愿意对他讲心里话。

湖南省郴州市的一位青年农民写了一副春联,上联是"发家致富靠邓小平",下联是"粮食丰收靠袁隆平",横批是"盛世

袁隆平深入农村,与农民朋友交谈

太平"。1995年,他为了表达对袁隆平的崇敬之情,打算自费为袁隆平塑一尊雕像。袁隆平知道这个情况后,深为这个农民兄

弟的真挚情谊所感动,赶紧写信劝阻,要他把钱用在发家致富上。但这个农民还是拿出自己的积蓄,塑了一尊汉白玉的袁隆平雕像。

雕像高度为一米六,与"有米有肉"谐音。袁隆平的汉白玉雕像运到村里的那天,村民争相参观,整个村子鞭炮齐鸣,锣鼓喧天,像过节一样热闹,充满喜庆气氛。上了年纪的农民高兴地说,迎回了"米菩萨",会保佑大家年年有余、岁岁平安。

2001年,造纸术的发明者蔡伦的故乡——湖南衡阳的耒阳市举办科技发明节,特地新建了一个发明家广场,塑了一些古今大发明家的铜像,其中有一尊袁隆平的铜像:他正拿着放大镜,观察着谷粒生长发育的状况。这是他在田间工作时的经典画面,人们感到很亲切。

袁隆平长期和农民交朋友,想农民之所想,忧农民之所忧。他注意到,粮食丰产了,农民能吃饱肚子,但经济上宽裕的农民还不够多。我国是一个农业大国,农民占全国人口的大多数,农民没有过上小康生活,建设小康社会的目标就难以实现。为此,他提出了一个"曲线致富"的理论。

他说:"光靠粮食是不能致富的,粮食价格不能很高,政府要控制的;但是粮食又很重要,你也不能少。我的意思是,应当想办法让农民曲线致富。什么叫曲线致富?就是要大幅度提高粮食单位面积产量,这样就可以腾出一部分土地、一部分空间,来搞其他效益高的经济作物,什么水果、蔬菜、花卉、养鱼都行。原来一家5亩地,但是亩产只有500千克,一家人需要2500千克粮食,所以5亩地都得种上水稻,想进行结构调整也做不到。如果调两亩地种别的作物,还得去买粮食。但如果提高粮食单位面积产量,3亩地就能产2500千克的话,那就可以腾出2亩地,种其他效益高的经济作物。这就叫曲线致富,这是一条路子。粮食本身不能致富,但是通过大幅度提高单产之后,却可以曲线致富。"

正是基于"要大幅度提高粮食单位面积产量"、帮助农民曲线致富的愿望,袁隆平从1985年开始就在思考和寻找"超级稻"的育种办法。这项研究的一个重要目的,就是让土地单产量得以最大限度地提高,使农民在有限的土地上,腾出部分土地种植经济效益高的作物,进行种植结构调整,实现致富目标。

2007年5月10日,袁隆平在国家杂交水稻工程技术研究中心接受中央电视台、《人民日报》等26家媒体联合采访团记者的采访。谈到建设新农村话题时,他回答:"农民很纯朴,也很热情,自己舍不得吃的东西,拿出来给客人吃。但是传统农业手段落后,农民很穷。现代农业是高科技的,要运用分子技术。以色列的农业非常先进,沙漠里都能长出那么好的乔木。农业的科技含量高,从事农业生产的人就少。我们国家的二产、三产逐渐发展起来了,在田里的农民越来越少,是个好现象,是发展和进步的表现。粮食太重要了,目前还不宜乐观,对粮食生产不能掉以轻心。我呼吁要提高粮食的最低保护价。比如湖南目前的稻谷保护价是100斤70元钱,农民的投入也要这么多,基本上没什么收入。我建议100斤稻谷的最低保护价要提高到100元,这对城里人没多大影响,对农民却有很大好处。"

这一番深情的话语,表达了袁隆平心系农村的发展和农民的利益,体现了他一贯的爱国爱民、以人为本、心忧天下的本色情怀。

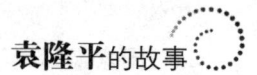

在面对记者关于"水稻还有多大的增产空间"的提问时,袁隆平回答:"水稻的光能利用率为5%,按打一半的折扣来算,水稻的亩产量可达1500千克,增产空间还很大。这要充分运用高科技的分子技术,还有很长的路要走。"

第十章

播撒幸福的金种子

杂交水稻在全国大面积推广,获得了巨大的生产效益。1981年,党的十一届六中全会通过的《关于建国以来党的若干历史问题的决议》中,把籼稻型杂交稻的研究成功与氢弹、人造卫星的发射回收,并列为我国科学技术的重大成就。

1981年6月6日,国家科委和国家农委在北京联合举行中华人民共和国第一个、也是迄今为止唯一的特等发明奖授奖仪式。袁隆平

获奖证书和奖章

从当时的国务院副总理方毅手中接过了获奖证书和奖章。

美国人对杂交稻的成功表现出极大的兴趣,他们派出一个摄制组专程到安江来拍摄袁隆平的电影纪录片。1981年7月,摄制组组长劳克先生一行来

颁奖现场

到安江,拍摄了袁隆平的实验田,也拍摄了袁隆平一家人的生活。由于摄制组的到来,学校领导考虑到"国际影响",安排袁隆平一家搬出拥挤的旧宿舍,住进了一座新建的两层砖房。令美国摄制组的人员感到惊讶的是,袁隆平已经81岁的母亲竟然能说一口流利的英语。

美国摄制组拍摄的袁隆平和他的杂交水稻的纪录片,曾在美国、巴西、埃及、意大利、西班牙、葡萄牙等国家放映。1983年7月,纪录片还被日本电视台播放。杂交水稻被称为"东方

1981年7月,美国电影摄制组拍摄袁隆平和杂交水稻的纪录片

魔稻",受到世界各国极大的关注。日本出版了一本名为《神奇水稻的威胁》的书,惊呼"杂交水稻这一海外传奇给日本带来了风暴"。更有人将杂交水稻赞誉为中国的"第五大发明"。

1982年秋天,袁隆平赴菲律宾首都马尼拉,参加一次重要的国际水稻科研会议。国际水稻研究所所长斯瓦米纳森先生庄重地引领袁隆平走上主席台。

这时,投影机在屏幕上打出了袁隆平的巨幅头像和"杂交水稻之父袁隆平"的英文字幕。来自世界各国不同肤色的学者和专家一致起立,向袁隆平鼓掌致意。

这一安排令袁隆平大吃一惊,但他还是从容地向人们挥手致意。

斯瓦米纳森先生在发言中说:

> 今天,我十分荣幸地在这里向你们郑重介绍我伟大的朋友、杰出的中国科学家、我们国际水稻研究所的特邀客座研究员——袁隆平先生!
>
> 我们把袁隆平先生称为"杂交水稻之父",他是当之无愧的。他的成就不仅是中国的骄傲,也是世界的骄傲。他的成就给世界带来了福音。

这次会议期间,菲律宾报纸头版刊登了袁隆平的照片和"杂交水稻之父"的大字标题。从此,袁隆平在国内和国际上赢得了当之无愧的"杂交水稻之父"的称号。

斯瓦米纳森先生担任过印度的农业部长,是著名的水稻专家。他曾在印度大力推广半矮秆水稻和高产矮秆小麦,对印度农业的发展做出了巨大贡献。由于他的盛情邀请,袁隆平多次前往国际水稻研究所合作和指导研究,与在这里工作的各国朋友建立了深厚的友谊。

袁隆平在回答记者关于成功的原因时说:"谈到杂交水稻的成功,可以用这样一个公式来解说:知识＋汗水＋灵感＋机遇＝成功。有知识是很重要的;有了知识,又发奋努力,才会有灵感;再加上好的机遇,才有可能获得事业上的成功。如果没有平常日积月累的知识,即使流再多的汗水,在科学上也产生不了灵感;即使机遇再好,也可能视而不见。"

袁隆平还说:"作为一个科学家,不能迷信权威、迷信书本,也不能因为取得一丁点的成绩就沾沾自喜,居功自傲。科学是没有止境的。只有敢于探索,敢于创新,才能成果迭出,常创常新。"

袁隆平敢于探索,敢于创新,从不满足已取得的成功。他知道,杂交水稻技术还存在不够完善和需要改进的地方。他在人们的赞扬声中,第一个指出杂交水稻存在的问题,提出"三个有余、三个不足"。他组织助手加紧实验,解决生产实践中发现的新问题。

1984年6月15日,湖南杂交水稻研究中心正式成立。它坐落在长沙市东郊马坡岭,是一个立足湖南、辐射全国乃至世界的专门研究杂交水稻的机构。袁隆平担任研究中心主任。

杂交水稻技术迅速受到世界的广泛瞩目。1985年,袁隆平获得联合国知识产权组织颁发的发明和创造金质奖章和荣誉证书。1987年,袁隆平获得联合国教科文组织巴黎总部颁发的1986—1987年度科学奖。1988年,他又获得英国让克基金会授

湖南杂交水稻研究中心

予的让克奖。

1991年,湖南省人民政府郑重地推荐他为中国科学院生物学部委员(院士)候选人。这年新增了34位生物学部委员,袁隆平却榜上无名。

第二年,袁隆平仍然没有评上。

有局外人猜测,袁隆平没能当选,也许是他长年在泥田里劳作,英语水平不过关吧。实际上,袁隆平的英语超级棒,他可以轻松阅读英文科技资料,在国际会议上操着流利的英语发表演讲。也有人以为,也许是他没有发表有影响力的论文和专著。事实是,袁隆平在1976年就出版了专著《杂交水稻》,1985年出版中英文对照本专著《杂交水稻简明教程》,1988年出版了专著《杂交水稻育种栽培学》,从实践和理论上构建了全新的杂交水稻学。他还多次在国际会议上做学术报告,比如1986年在首届杂交水稻国际学术讨论会上所作的《杂交水稻研究与发展现状》专题报告,提出今后杂交水稻研究的战略设想,被与会的各国学者誉为"袁隆平思路"而写进了会议文件。

袁隆平的科研成就,是从田野里扎扎实实地干出来的。在普通人看来,科研高层机构似乎会理所当然地敞开胸怀,热情地接纳和欢迎那些在实践中做出重大成果的科学家。实际上,许多在科学实践中获得杰出贡献的科学家,恰恰受到来自科研高层机构的冷遇和压制。

这种奇怪的情况不独在中国出现。居里夫妇在发现镭之前,就因研究铀的特性而赢得巨大声誉,但是比埃尔·居里申请加入法国科学院却遭到拒绝。直到居里夫妇提炼出放射性元素镭并荣获诺贝尔奖,比埃尔·居里才以刚刚过半的票数当选为法国科学院院士。居里夫人则是在第二次获得诺贝尔奖之后,法国科学院迫于社会舆论压力才接纳她为院士。

袁隆平卓越的科研成果已经产生巨大的社会效益,且在国际上屡获重大科技奖项,却评不上院士,只能说明某些身居高位的学术权威人士对他并不欣赏,对杂交水稻这种与泥土打交道的研究不以为然。正是这种可悲的傲慢与偏见,在科学领域屡屡造成违背科学精神的不公正事件。

新闻界的记者评述:袁隆平评不上院士比评上引起的震动更大。

袁隆平抱着一贯的超脱态度,平静地回答记者:"我没当选院士,说明我水平还太低,还要努力学习,继续'充电',使自己的学问不断完善,不断提高。"

湖南省委和省人民政府在两次推荐袁隆平参评院士都落选的情况下,于1992年9月郑重地授予袁隆平"功勋科学家"荣誉称号,在长沙举行了隆重的授勋仪式。

直到1995年,经湖南省第四次推荐,袁隆平终于当选中国工程院院士。

袁隆平把全部精力都放在科研攻关上。他是一个永不满足的探索者。

结合杂交稻推广以来的实践，袁隆平认为三系杂交稻虽然大幅度增产，但也存在着配组不自由、种子生产环节多的缺点。他认为，杂交水稻的研究应当朝着配组更自由、程序更简化、优势更突出的发展方向努力。

他把自己在首届杂交水稻国际学术讨论会上提出的战略设想，写成《杂交水稻育种的战略设想》一文，提出要把三系杂交稻简化为两系杂交稻，进而研究出一系杂交稻。他认为，这将是杂交水稻的三个战略发展阶段。

他全新的育种战略思想，引起广泛的关注，得到各国专家的重视，后来被世界农业科技界称为"袁隆平思路"。

两系法杂交水稻研究课题，很快被确定为国家"863"计划生物工程中的第101—1号专题。袁隆平被指定为该专题组组长和责任科学家，牵头组成了两系法杂交水稻研究协作组，开展全国性的协作攻关。

研究两系法，这又是前人没有走过的路。

有好心人劝他

袁隆平作《杂交水稻育种的战略设想》的学术报告

说，你已成了著名科学家，万一搞砸了，岂不坏了名声？袁隆平回答："搞科研如同跳高，跳过一个高度，又有新的高度在等你。要是不跳，早晚要落在后头，即使跳不过，也可为后人积累经验，个人的荣辱得失又算得了什么！"

他像以前一样，又在实验田里忙开了。

有人劝他，你年纪大了，要少下田，注意休息。

袁隆平乐呵呵地说，关在屋子里手脚发痒，下田搞实验才有乐趣。

经过几年实验，进展并不顺利，结果不像理论上设想的那么美妙。

袁隆平再一次激发了"不要在一棵树上吊死"的灵感，发动专题组的全国各协同单位，寻找新的育种材料。

一个名叫邓华凤的年轻人，在安江发现了一株受光、温条件控制的籼稻核不育株，引起了袁隆平的极大关注。

经过三代繁殖，邓华凤发现的这株不育株在安江盛夏高温的条件下，不育株和不育度都达到100%，保持不育的时间长达50天以上。而在这50天之前或之后抽穗开花，则全部表现为雄性可育，可自交结籽。这一特性，为两系法的成功带来了希望。

袁隆平亲自主持鉴定会，把它命名为"安农S—1"光、温敏核不育系。

他感到非常高兴。他的助手李必湖在27岁时发现了"野败"，为三系杂交水稻的成功带来了突破。现在这个发现新材料的邓华凤，是李必湖的助手，也是在27岁时发现了给两系法带来希望的"安农S—1"。杂交水稻研究人才辈出，他十分欣慰。

对杂交水稻的美好前景，袁隆平充满了信心。1989年的一个夜晚,他做了一个美妙的梦。他梦见自己在安江农校的水田边散步,发现田里的禾苗长得比高粱还高,谷穗比扫帚还长,谷粒像花生米那样大。他和朋友们在高大的禾苗下聊天、乘凉……

从三系法过渡到两系法的研究过程中,出现几次波折,甚至出现重大挫折。袁隆平以过人的胆识和丰富的经验,多次调整研究方案,使得两系法杂交水稻研究得以顺利进行。

1989年夏季,南方出现了历史上罕见的低温天气,使两系法杂交稻的研究遭受了严重挫折,一些经过鉴定的不育系变成了可育,出现了"打摆子"现象,两系杂交稻的研究陷入低谷。

袁隆平迎难而上,寻找解决问题的新办法。他仔细研究了长江流域有记录以来的所有气象资料,除在平原、丘陵地区设点实验外,还在海拔200米~2000米的山区不同高度上设立多个实验点,同时开展转育实验。

他找来罗孝和,要他尽快培养出一个不育起点在24℃以下的两系不育系来。罗孝和没有辜负袁隆平的期望,经过两年多的探索,于1991年培育出了一个不育起点为23.3℃的低温敏核不育系,定名为"培矮64S",当年8月通过了"863"专家组鉴定。

"培矮64S"的育成,给袁隆平的理论设想提供了一个有力的佐证,表明不育起点温度低于24℃的低温敏核不育系完全可以培育出来。利用这种低温敏核不育系,就可以进行实用性的两系法杂交育种。

两系法育种进入攻关阶段。"培矮64S"的成功,给两系法的研究带来巨大的鼓舞,但烦恼却接踵而至。用它繁育种子,每亩的种子产量最多5千克~6千克,无法在生产中推广。有人说:"这不是'培矮64S',而是赔得要死。"

袁隆平与罗孝和(左二)等在田间

罗孝和为此感到苦闷,但并不甘心认输。他从早到晚守在实验田里,渴望从两万多株没有结出谷粒的"光秆秆"稻穗上找到蛛丝马迹。

有一天,罗孝和发现靠着

袁隆平等察看罗孝和(左二)培育的"培矮64S"

一个小山丘的方寸之地,有几株"培矮64S"隐约结着种子。他惊喜地跑过去,只见一股铅笔头大小的泉水汩汩地从稻丛下流过。取温度计来一量,水温很低。罗孝和豁然开朗,"培矮64S"结谷子的秘密,是受水温影响,可通过降低水温达到提高种子产量的目的。第二年夏天,他开始了冷灌繁殖种子的实验,"培矮64S"的种子产量显著提高,证明他的判断是对的。

袁隆平对罗孝和的冷灌繁殖种子实验给予充分肯定。罗孝和深受鼓舞，为了寻找适合大田使用的冷水资源，他带着助手奔赴湖南省各地进行考察。半年内，他几乎跑遍了省内所有大中型水库和有地下水源的地方。

一个风和日丽的春日，罗孝和一行风尘仆仆地赶到浏阳县高坪乡龙泉村，终于寻到"宝地"，那里有比较丰富的地下水源可利用。这一年夏天，罗孝和与村民一道辛苦耕耘，尝试用冷水串灌新技术繁殖低温敏核不育系。

第二年，罗孝和又在醴陵的官庄，利用水库下层丰富的冷水资源繁殖"培矮64S"，收到更满意的效果，不育系的种子亩产达到127千克，真正发挥了高温制种、低温自繁的双重效用，一举解决了"培矮64S"的种源供应问题，从而使两系法杂交稻由理论走向生产应用。

罗孝和为两系法的成功发挥了重要作用，为两系法杂交稻投入大田生产立了大功，受到袁隆平的嘉奖。罗孝和感慨地说："农业科研周期比较长，一个环节出了问题，往往要好几年才能解决。跟着袁老师搞研究，每年有好几个月在田里，杂交水稻研究靠的是知识、汗水和灵感。"

后来，不育起点出现了温度向上漂移的现象，也就是原来在24℃以下不育的品种，不育起点温度竟然逐代恢复到24℃以上。袁隆平和他的助手们设法克服了这一困难。

两系杂交稻的研究，从1986年开始，就像研究三系杂交稻一样，经过又一个10年的艰苦探索，才迎来了大好局面。全国第一个通过省级审定的两系杂交稻先锋组合"培两优特青"，具有高产、优质、多抗、适应性广的特点，比同熟期三系杂交稻增

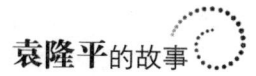

产 10%左右。

1995 年,袁隆平郑重宣布:两系法杂交水稻研究基本成功。

两系法杂交水稻随即进行大面积生产应用,到 2000 年全国累计推广面积达 5000 万亩,平均产量比三系增长 5%~10%,续写了"东方魔稻"的新篇章。

两系法杂交水稻是一项我国独创的高新技术,是世界作物育种上的重大革命。它简化了种子生产的程序,降低了种子的成本,而且可以自由配组,极大地提高了选育优良组合的概率。

曾担任过中国水稻研究所所长的闵绍楷感慨地说:"我真佩服袁隆平,在每一个关键时刻,在每一个困难面前,他都不动摇,各种困难都难不倒他。"

在两系法杂交稻育种理论的启发下,两系法杂交高粱、两系法杂交油菜、两系法杂交棉花、两系法杂交小麦相继研究成功,我国农作物育种创造出了新的辉煌。

第十一章
不断在探索中超越自己

20世纪90年代初,美国经济学家莱斯特·布朗博士发表了一篇长文《谁将养活中国?——来自一个小行星的醒世报告》。

这篇文章说,中国仅有占世界7%的耕地,要养活占世界22%的人口,如果走日本、韩国或中国台湾高速工业化的发展道路,中国将失去大量农田,粮食将无法自给,结果将会引起世界的粮价上涨和粮食短缺。

实际上,布朗向全世界提出的不仅是"谁来养活中国"的问题,更是"一个养活不了自己的中国将如何危害世界"的问题。这篇文章引发了西方国家一些人关于"中国粮食威胁"的议论。

布朗博士和那些持"中国粮食威胁"论调的人,显然低估了中国人民的智慧和创造力。1996年9月,袁隆平在北京参加全国科技十杰表彰大会,在人民大会堂发表了题为《攀登杂交水稻研究新高峰,解决中国人吃饭问题是我毕生的追求》的演讲。他针对布朗博士提出的尖锐命题,在演讲中作了有力的回答。

他说:"我从30多年的杂交水稻育种科研实践中深深体会到,杂交水稻蕴藏着巨大的增产潜力,我们现在正在从事培育产量更高、米质更好的杂交稻的科技研究,对进一步提高我国水稻的产量和品质具有深远的影响,再加上其他综合增产措施,中国完全有能力解决自己的吃饭问题。"

袁隆平决定向更高的目标发起冲击——选育超级杂交稻!计划用3~5年时间,育成每公顷日产中晚稻100千克或早稻90千克、米质达部颁二级、抗两种以上主要病虫害的超级杂交稻。

他选择的又是一个国际性的科研难题。早在1980年,日本最先提出了"超级杂交水稻"的计划。1989年,国际水稻研究所也投入超级稻选育实验。他们经过10多年的摸索,都没能取得突破。

袁隆平提出,中国超级稻选育分两个阶段进行。第一期目标是2000年实现大面积试种平均亩产700千克;第二期目标计划在2005年实现,使大面积水稻试种亩产达到800千克。他决心找到一条新的超级稻育种途径和理想模式。

袁隆平充分发挥了田间实验积累的丰富经验,把塑造优良的株叶型与杂种优势有机地结合起来,以增源为核心,采用选育叶片长、直、窄、凹、厚,冠层高而重心低的超级稻优良株叶形态模式。这个模式抓住了水稻植株的叶片,让叶片充分发挥光合作用的效率,以提高产量。用袁隆平的话来说,这是"叶里藏金"。

田间实验和示范种植在紧张地进行,形势喜人——

2000年,湖南省湘西龙山县的千亩超级杂交稻示范片,突破平均亩产700千克大关,达到超级杂交稻第一期目标,标志着我国在这一领域的研究走在了世界前列。

2001年收割季节,袁隆平来到浙江省武义县南湖畈村,只见千亩超级稻示范田里稻浪翻滚,一派丰收景象。他信手摘了一个稻穗,一粒一粒地数起来,这个稻穗上结了337粒饱满的稻谷。他露出了满意的笑容。武义县种植超级稻3.2万亩,亩产超过700千克,与其他同熟期晚稻相比每亩增产150千克以上。

这年,湖南郴州的超级杂交水稻百亩示范片,平均亩产达到777.8千克。

中国超级杂交稻的成果引起国外的广泛关注。美国《科学》杂志发表文章说,超级杂交稻在中国获得成功,是解决未来世界粮食问题的有效途径。

2003年,我国大陆一半以上的水稻都是袁隆平的杂交品种;在世界范围内,20%的水稻采用袁隆平的杂交技术。2007年,我国大陆的水稻产量为5亿吨。杂交水稻技术已经在中亚、东南亚、北美、南美实验试种,继续为解决世界粮食安全及短缺问题做出卓越贡献。

袁隆平在2005年完成了第二期目标,实现大面积试种平均亩产达到800千克。云南省永胜县小面积示范栽培创造了亩产1138千克的超高产纪录。

尽管年事已高,但袁隆平仍然在实验室、田野里工作,指导超级稻的选育,推动超级稻产量突破新的纪录。他的书房内挂着自己写的一首七绝:"山外青山楼外楼,自然探秘永无休。成功易使人陶醉，莫把百尺当尽头。"表明了他探秘杂交水稻永不休止的决心。

2011年9月19日，中国农业部验收组公布，袁隆平指导的"Y两优2号"百亩超级杂交稻实验田平均亩产926.6千克，创造中国大面积水稻亩产新纪录。这一成果，提前实现了第三期超级杂交稻亩产量900千克的目标。

2013年9月初，袁隆平来到湖南省隆回县羊古坳乡，实地察看了牛形嘴村和雷锋村两块百亩超级稻实验田，详细了解两块实验田冲击亩产1000千克世界纪录的准备情况。不久，他又来到永州市零陵区富家桥镇。袁隆平走在田埂上，田野金黄，稻浪飘香。他不时地扒开一片片稻株，拿起一串串稻穗，看谷粒灌浆、结实，脸上露出欣喜的微笑。

2013年9月28日，国家农业部专家来到湖南省隆回县羊古坳乡牛形嘴村，对袁隆平指导选育的第四期超级杂交稻高产攻关实验田进行现场测产验收，这片稻田种植的苗头组合"y两优"超级稻，平均亩产988.1千克，逼近亩产1000千克的超级杂交稻第四期目标。

2013年10月16日是第33个"世界粮食日"，袁隆平参加湖南省爱粮节粮宣传周启动仪式，倡议遏制粮食浪费。活动举办方请大家品尝杂交稻米饭，袁隆平在试吃过几种米饭后，连称好吃。"在大家以往的印象中，可能都认为杂交稻的米质不好，但这已经是过去的事了。"他说。实际上，现在杂交稻比一般的大米好多了，产量高，品质也好。他表示，在追求超级杂交稻产量的同时，还将进一步提高超级杂交稻的质量。

从三系到两系，从杂交稻到超级稻，袁隆平用辛勤的汗水和不断创新的科学精神,谱写出一篇人类反饥饿的绿色神话。

现代农业育种实验,要运用到许多高科技手段。

袁隆平说:"第一期和第二期超级杂交稻都是采用常规手段,第三期则运用了分子技术。这好比跳高比赛,越往高处越难,必须在技术路径上有新的突破。"

根据袁隆平利用野生稻增产基因的思路,他的学生肖金华、李继明在美国康奈尔大学坦科里斯实验室,从马来西亚野生稻中发现了两个重要的增产基因。这为第三期超级稻研究迈出了可喜的第一步。

要利用增产基因,需要采用分子生物工程技术把不利的基因剥离去掉,再把纯有利的基因定位、克隆出来,转入到其他水稻中去,从而达到增产的目的。袁隆平还提出,要进一步利用分子生物工程技术,从稗草中寻找有利基因,将其导入水稻种子中。

袁隆平还与中科院遗传所人类基因组中心进行合作,全面开展超级杂交稻的基因研究,在分子层面探索超级稻的秘密,确保中国水稻高产、优质、持续创新的能力。

超级稻里蕴藏着现在解答不了的宝藏,那就是为什么能够高产。通过基因研究,就是想把这个谜解开。在光合作用下,某些酶能把太阳能转化为自然生长的蛋白质。如果能找到这种基因,就可以在物种的认识和生产上有很大的突破。他们提出要解决的几点问题,第一是高产,第二是优质,第三是抗病,第四是耐寒,第五是抗逆转,等等。

袁隆平提供超级稻的种子,中科院遗传所对种子的基因进行研究,再把研究成果返回到杂交水稻实验。他们通过这样的循环互动,来破解超级稻的秘密。2001年10月12日,中国水稻(籼稻)基因组"工作框架图"和数据库在我国完成。

这一年,袁隆平与"克隆植物基因之父"辛世文教授领导的香港中文大学植物及真菌生物科技中心合作,正式启动一项"超级杂交水稻计划",要通过生物科技提升高产杂交稻的米质。

袁隆平与辛世文教授(右)在一起

袁隆平还把育种思路从稻田拓展到了宇宙太空,参与了尖端的航天育种工程。1996年10月,袁隆平精选处理过的杂交水稻种子,由我国返回式卫星搭载进入太空,在太空运行15天后返回地面。同年12月到第二年4月,在国家杂交水稻工程技术研究中心三亚基地完成第一代种植,1997年5月,在长沙马坡岭的国家杂交水稻工程技术研究中心实验田进行了第二代育种种植,共种植了229个株系、4万多株。

通过现场观察测量、分析发现,第二代在生育期中,形态特征和生物学特征等方面出现了广泛的高频率的变异,个别性状的分离变异率高达12.36%,而一般用γ射线照射得到的变异率只有0.125%,提高了约100倍。航天育种将为杂交水稻研究提供新的发展途径。

2001年2月19日，袁隆平院士与中国科学院吴文俊院士一同在人民大会堂获得首届国家最高科学技术奖。袁隆平还记得初中时感到"数学为什么不讲道理"的疑惑，就和大数学家吴文俊先生说起那段有趣的往事。

"现代农业已经发展到高尖精的阶段，要用量化来完成，数

获奖证书

袁隆平与吴文俊院士(前排右一)在颁奖会上

学是不可少的。"袁隆平感慨地说,"数学是科学之母。"

吴文俊先生笑着说:"搞数学的人要吃饭,农业是数学之父。"

两个人都会心地笑了起来。

进入古稀之年,袁隆平依然腰板挺直,步伐矫健,心态年轻,思维敏锐。虽然黑瘦的脸上已经有了老年斑,他却幽默地说:"我是70多岁的年龄,50多岁的身体,30多岁的心态,更有20多岁的肌肉弹性。"

1998年,湖南省四达资产评估事务所在长沙举行资产评估结果发布会。通过综合评估,他们宣布:通过210天的工作,对11万组数据资料进行严格审查论证,评定"袁隆平品牌"的无形资产价值为1008.9亿元。这个消息在社会上产生了广泛而强烈的反响。

袁隆平生活简朴,一有时间就到实验田去观察,去呼吸田野的气息。他爱好广泛,年近80岁爱上了打气排球,而且是主攻手,特别得意自己跳起来扣球的成功率。单位的排球场在黄昏时候总是很热闹,如果他没有出差,一定有他充满活力的身影和爽朗的笑声。他喜

活跃在排球场上的袁隆平

欢下象棋,也爱看别人下象棋,热心为弱势一方出谋划策。而且仍然喜欢游泳,很多年轻人都赶不上他的速度。

袁隆平的一生与水的关系异常亲密。这种亲密关系,不仅体现在他长年在水田里从事科研工作,还融入了他的人生里,甚至在他的精神世界的深处。他无论走到哪里就游到哪里,在游泳中磨炼出快乐、自信、顽强的品格。水给予他良好的身体素质、强健的精神力量和坚韧不屈的性格。他追求科学的执着精神,可以说是来自水的浸润和磨炼,来自他对一切美好事物的好奇与热爱,来自他那自由自在、不受拘束的天性与心灵。

袁隆平在海南三亚南海畅游

袁隆平就像一株强健的稻子,从水波荡漾的泥田里挺拔而起,又把生命之水托举成闪光的露珠。他的人生健康、明朗、清新,充满活力,总是不断创造新的希望。

如果说事业的成功给他的生活带来什么改变的话,那就是从 20 世纪 80 年代起,他到实验田去的交通工具,由原来的自行车改成了摩托车。骑摩托车、飙车,就像游泳一样,渐渐成为他的生活乐趣。

田里的秧苗分蘖了、抽穗了、扬花了、结实了……他跨上摩托车,"嘟嘟"一溜烟蹿上马路,拐进小径,溜上田埂,矫健的身影闪动在片片绿意葱茏或金黄灿烂的稻田里。十多年来,他先后换过八九辆不同品牌的摩托车。

2001 年底,在朋友们的劝说下,袁隆平买了一辆雪佛兰赛欧轿车。朋友对他说,骑摩托车是"肉包铁",开车是"铁包肉",还是开车安全一些。他兴致勃勃地学起开车来,感觉还不错。有时,他开着汽车去田边。

袁隆平总是尽可能推掉各种应酬,"躲起来做点事"。

湖南卫视举办一台好玩的晚会,由农民唱主角的晚会,袁隆平应邀欣然参加。晚会上,一位憨态可掬的七旬老农操着乡音,担任嘉宾主持。新时代的农民各展所长,有的老农扛起体格硕大的活牛,有的村妇挑起 100 多千克重的担子上台阶,有的青年举起近 200 千克重的石磨打转,有的农村艺人用鼻孔吹奏笛子和口琴,有的农民边操琴边表演男女声二重唱,有的农民展示他们自行研制的折叠风车、折叠脸盆、木制摩托车等。晚会颁发的奖品也很特别,都是农药、化肥、收割机等农业用品。

袁隆平在晚会上表演了小提琴独奏,观众领略到了著名科学家的业余爱好和生活情趣,情不自禁地鼓掌叫好。

2001 年,在中央电视台举办的"科学在中国"文艺晚会上,袁隆平演奏了小提琴曲《行路难》。这个曲子是我国著名地质科学家李四光先生在1921年创作的。袁隆平说:"这首曲子告诉人们,探索科学的道路是艰难的,但不管怎么难,科学工作者也要走下去……"

袁隆平的这番话表达了他切身的感受。他和他的科研团队走过的探索之路,是一条充满艰难险阻的光荣的荆棘路,是一条不怕失败、探索前进、不断创新的奋斗之路。从实验技术上看,杂交水稻研究过程中经历了三次重大的失败。

第一次重大失败,是寻找可以与雄性不育实验材料杂交的正常可育的水稻品种。从1966年袁隆平发表杂交水稻的首篇论文到1970年,一直在近缘水稻品种上寻求杂交组合,做了3000多个组合实验都不成功。主要原因是后代不能继续保持其雄性不育的特征,直到发现"野败"才获得成功。这个不断摸索的过程经历了几个年头,培育实验遍及湖南、云南和海南。

第二次重大失败,发生在"野败"与栽培稻杂交转育成功以后。1972年,用这样的杂交水稻种了一块实验田,实验的结果却只表现在禾苗长势上,除了稻草长得比常规稻多一倍之外,稻谷没有表现出增产优势。这样的失败,使当时的一些人再次怀疑水稻杂交是否具有优势。只有袁隆平最冷静。他认为这一次失败孕育着巨大的成功。果然,在他的指导下,改进了品种组合,后来收获了亩产505千克的好成绩。

第三次失败发生在1989年。那年夏天南方遇到超常低温,两系不育系出现育性波动(后来把这种现象称为"打摆子"),导致制种风险大,不能应用于生产。袁隆平团队认真总结经验,另辟蹊径。后来,罗孝和利用爪哇稻(即热带粳稻)作为种质,成功培育了一种新的低温敏核不育系"培矮64S"。它使两系法杂交水稻的温敏度从27℃降到了24℃以下。从此,两系杂交水稻才成了一种可以在长江中下游地区安全种植的水稻。

袁隆平说:"我搞杂交水稻研究,中间遇到的挫折和打击不少,有时到了濒临绝境的地步了,但还是不悲观、不放弃,想办法去补救,最后都挺了过来。其实仔细想想,一个人事业的成功或失败,起决定作用的最终是顽强坚持的毅力。我的工作主要是在实验田,本来就是个苦活累活。特别是在水稻开花的时候,赤日炎炎之下,我和我的助手们每天都是头顶烈日,脚踩烂泥,低头弯腰在田间劳作。越是打雷、刮大风、下大雨,我们越要到田里去看看,看禾苗倒伏不倒伏,看哪些品种能够经得起几级风,这可不是闹着玩的。我从参加工作到现在,只要田里有稻子,我每天都要坚持下田坎。我们搞育种的就是要坚持在第一线,这样才能发现新品种,才会产生新灵感。"袁隆平在失败和挫折面前,从不低头,坚韧不拔,愈挫愈勇。

有人问袁隆平:"你为什么总是能够保持乐观的态度,你的快乐秘诀是什么?"袁隆平回答:"快乐的秘诀,是要有追求,有希望,身体好。你追求的东西,如果再怎么努力都没有希望实现,就不会快乐。如果一天到

袁隆平在实验田

晚想着名利得失，也不会快乐。"

他仍然忙忙碌碌，一有时间就到实验田去。

他说自己喜欢绿色，那是充满希望的颜色。

第十二章
把福音传给世界

　　杂交水稻的成功,使袁隆平名声大振。他这个长期与泥土打交道的科学家,被选为全国人大代表,出席全国科学大会,获得了国家和省级科技奖,评上了研究员职称,被聘为几所大学的兼职教授,各种学会邀请他担任理事。

　　在成绩和荣誉面前,袁隆平异常冷静、清醒。1979年,袁隆平正式调入湖南省农业科学院,省委组织部的一位领导找他谈话,组织上考虑到他对党和人民做出的重大贡献,经研究准备提拔他担任省农业科学院的主要领导。袁隆平诚恳地说:"我这个人不适合当官。对我来说,当官有很大的局限性。别的不说,在搞科研这一点上,就没有现在这么自由自在了。倘若真当上个什么官,每天文山会海,哪里还有时间搞科研。"

　　袁隆平的诚恳态度和对杂交水稻的执着追求,得到了组织上的理解。

事实上,袁隆平的志趣和想法,确实与众不同。他从小喜欢齐天大圣孙悟空,喜欢它神通广大、自由自在、无拘无束的特质。杂交稻研究成功之后,面对各种机遇和诱惑,袁隆平非常冷静,坚守科研工作,理智地选择继续在杂交水稻领域进行研究和探索。他那一贯超脱、不受约束的性格,依然没有改变。他对各种会议和应酬感到不适,对众多的兼职能够辞去的尽量辞去。他唯一不能超脱的,只有杂交水稻事业。

为了更好地开展研究工作和进行技术推广,一个新的构想在他的脑子里孕育,那就是要借鉴国外科研机构的经验,创建一个专门从事杂交水稻研究的机构。

他知道,杂交水稻技术还存在不够完善的地方,需要不断改进。现在人们的看法改变了,对杂交水稻一片赞扬,他却自己寻找问题,提出"三个有余、三个不足",并组织助手加紧解决。他与助手邓小林培育出了高产早稻新组合"威优49",在人们的赞扬声中,他却自揭其短,指出这个品种还存在抗性较差、生育期较长的缺点。

在湖南省委和省政府的支持下,1984年6月15日,湖南杂交水稻研究中心正式成立,它坐落在长沙市东郊马坡岭,建筑面积1万多平方米,拥有实验基地170亩。袁隆平担任研究中心主任。杂交水稻从此有了一个立足湖南、辐射全国乃至世界的专业研究机构。天马行空般在各地流动育种的袁隆平,终于有了自己的"花果山"。

袁隆平精心经营着这片新的天地,组建和充实以科技人员为骨干的队伍。他经常在实验室和大田里传授技术,希望年轻

袁隆平的故事

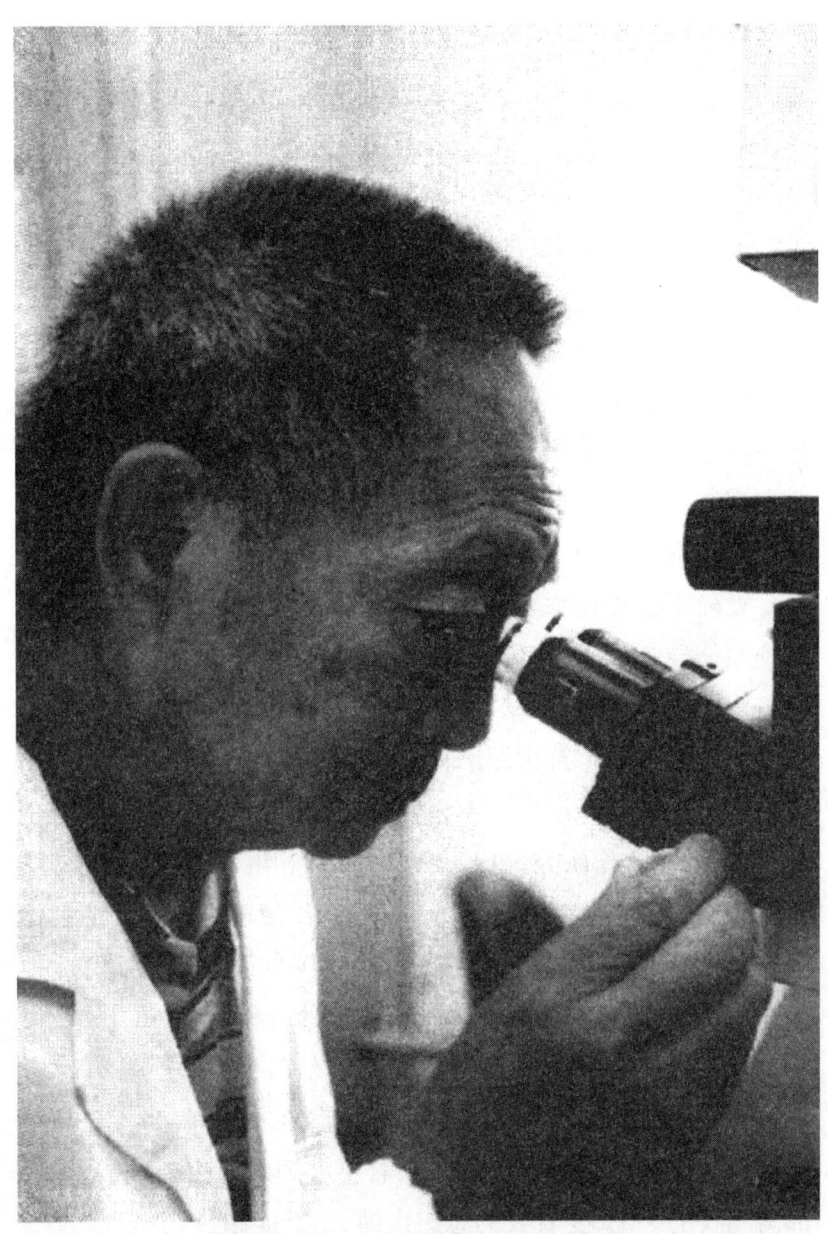

正在进行科学研究的袁隆平

人快速成长,成为技术中坚。对那些有实践经验而专业知识不够的人员,鼓励他们带薪进修,以提高专业素质。

单位的名气在社会上越来越大,一些人利用各种关系,想挤进来。袁隆平实话实说:"想进来,欢迎,但不必拉关系,找路子。必须有农学研究生学历,外语好,有实力,有敬业精神,几个条件一个都不能少,总不能占着茅坑不拉屎吧。"他把门槛提到合适的高度,让那些想吃闲饭的人讨了个没趣。

袁隆平特别注重人才的培养,始终把育种和育人紧密结合起来。他以杂交水稻发展战略家的眼光,看到杂交水稻研究事业方兴未艾,需要众多的科技工作者进行不断地探索,有意识地培养一批又一批科研人才。

袁隆平在湖南农业大学、中南大学、东北农业大学等五所高校兼任导师,亲自指导硕士和博士生。他利用自己在国际上的名望,从美国洛克菲勒基金会为中国争取到生物学奖学金资助名额,于1988年首次派出自己的硕士毕业生谢放鸣赴美,在康奈尔大学坦科里斯实验室主任苏珊博士门下,一边攻读博士学位,一边搞合作研究。1990年以后,又相继派出肖金华、李继明、李新奇、符习勤等多名硕士生利用洛克菲勒基金资助赴美国或澳大利亚,一面继续学习一面利用国外设备进行研究。他指导的第一个博士后,是一名来自印度的青年学者。

有人说:"你培养的人才都飞了,不是白费心血了吗?"袁隆平不这么看,他说:"中国杂交水稻事业的未来,需要大量超过袁隆平的人才。优秀人才的成长需要广阔的自由天地,让他们都窝到我的手下,受着我的思想束缚,怎么能超过我呢?"

袁隆平还通过设立奖励基金,激励创新,培养人才。早在

1987年，他获得联合国教科文组织颁发的科学奖时，便将获得的1.5万美元奖金捐出来，建立了"袁隆平杂交水稻奖励基金"，奖励为杂交水稻事业做出贡献的人。后来他又陆续将各种奖金捐出来，累计达100万元，更名为"袁隆平农业科技奖励基金会"，到2006年该基金会的基金已突破1000万元，时至今日已经评奖5次。

在袁隆平的精心经营下，杂交水稻研究中心集中了一支优秀的杂交水稻研究队伍，拥有先进的科研设备，分设育种、农艺、基础理论、技术开发等部门，主持了多项国家和省级杂交稻研究课题及协作课题的研究，并编辑和出版了《杂交水稻》杂志。

1986年10月，湖南杂交水稻研究中心举办了世界首届杂交水稻国际学术研讨会。受国际水稻研究所的委托，这里还为印度、越南等国举办了多期杂交水稻国际培训班，培养了一批杂交水稻的专业人才。袁隆平用熟练的英语为外国专家讲课，赢得了外国友人的赞扬和尊重。

袁隆平领导的湖南杂交水稻研究中心，迅速成为令国际农业科技界瞩目的科研机构，在世界水稻专家心目中享有越来越高的声誉。菲律宾原农业部副部长乌马里博士评价说："杂交水稻的中心就在长沙，这里是各国杂交水稻科研工作者的'麦加'圣地。"

1991年3月16日，江泽民总书记前往视察，兴致勃勃地参观了展览室、细胞实验室，与研究人员进行座谈并题词。乔石委员长、姜春云副总理、邹家华副总理等党和国家领导人，中国科学院院长周光召等也先后来这里视察。

1994年6月，湖南杂交水稻研究中心成立10周年之际，更名为国家杂交水稻工程技术研究中心。

杂交水稻研究事业受到国务院高度重视,成了历届总理关心的"总理项目"。1994年12月,李鹏总理前来视察,特批1000万元科研经费。湖南省政府给予了强有力的配套支持。国家杂交水稻工程技术研究中心目前已发展成为拥有200多名职工,设有科学研究部、工程化开发部、综合办公室的产、学、研一体化的全国第一个杂交水稻专业权威研究机构。

1998年,袁隆平的"超级杂交稻"立项后,为保持我国杂交水稻研究在国际上的领先地位,急需一笔资金用来购置更先进的实验设备。袁隆平递交的报告得到朱镕基总理的高度重视,次日就签字批准,从总理基金中特批1000万元予以资助,并关照国务院秘书长亲自向报告人转达国务院"全力支持"的意见。在国家的支持下,国家杂交水稻工程技术研究中心新建了分子育种实验室,强化了高科技研究手段。

2003年10月3日,胡锦涛总书记视察国家杂交水稻工程技术研究中心,详细察看了超级杂交稻选育项目的进展情况,充分肯定了他们做出的重大贡献。他强调,粮食问题是关系经济安全和国计民生的重大战略问题,任何时候都不能有丝毫的松懈;要严格执行耕地保护制度,保护和加强农业尤其是粮食生产能力;依靠科学技术,挖掘粮食生产潜力;完善政策措施,充分调动粮食主产区和种粮农民的积极性,确保国家粮食安全。

2006年,"超级杂交稻"的培育和推广被写入国家的"十一五"规划。温家宝总理来到国家杂交水稻工程技术研究中心视察,表示国务院全力支持袁隆平的工作,当场同意拨给2000万元作为超级杂交稻的科研经费。那天正巧是袁隆平的生日,温总理还特地送来生日蛋糕和花篮。温总理视察结束时,三次握住袁隆平的手,坚持请他先上车,然后自己才上车。袁隆平说:"温总理平易近人。总理的礼让,不是'让'我个人,是'让'出了国家对农业的重视、对科学的尊重。"

2013年4月28日上午,习近平总书记在全国总工会机关参加全国劳动模范代表座谈会,对与会的袁隆平说:"我1998年去过你们那里。我那时在福建当省委副书记,主管农业,十分关心种业问题。杂交稻育种,是一个很伟大的事业,要继续抓好。"

杂交水稻技术被世界粮农组织列为解决世界上粮食短缺问题的首选技术,也是我国对外交往中一个重要的援外项目。袁隆平领导的国家杂交水稻工程技术研究中心,有15名专家被联合国粮农组织聘请为技术顾问,其中袁隆平院士为联合国粮农组织的首席顾问。

早在1980年,杂交水稻作为我国出口的第一项农业专利技术转让给美国,引起国际社会的广泛关注。当时,中国人对发明权、知识产权这样的观念很淡薄,在杂交水稻的发明人袁隆平毫不知情的情况下,双方于1980年1月签订技术转让合同。根据合同规定,由美国圆环种子公司先付给中国种子公司20万美元首期转让费,中国即派出制种专家赴美国传授杂交稻制种技术。

1980年5月,受中国种子公司派遣,袁隆平作为首席专家,带着另外两名技术人员,第一次飞越太平洋。到飞机场来接他们的美国朋友,闹出了小小的误会,把又黑又瘦的袁隆平晾在一边,错把同行的一位身材高大的技术员当成"首席专家",抓住他的手表示热情欢迎。

袁隆平一行来到美国西部的加州大学农业实验站,为美国技术人员进行了杂交制种的授课和示范,并应邀与加州大学的教授和研究生座谈,回答了他们提出的问题。当地的报纸对袁隆平的到来进行了报道,意大利的5名水稻专家闻讯立即赶到美国,与袁隆平探讨水稻杂交生产问题。圆环种子公司的母公司西方石油公司召开股东大会,西方石油公司董事长汉默博士特地邀请袁隆平出席,把他安排在会议的首席,作为重要的贵宾介绍给全体股东。

传授技术期间,美国农业的发达程度给袁隆平留下了深刻印象。他们的一个私人农场,差不多就拥有中国一个乡的土地面积,只有人数不多的农业工人进行管理,采用飞机播种,收割机里都安装了空调。

袁隆平在美国指导杂交水稻技术研究

美国方面给中国专家配了自行车,袁隆平和两个同事有空闲时,就骑着自行车去外面逛一逛。有一次,他们经过一家私人住宅的门前,一只大狼狗追了上来。袁隆平和他的一个同事骑的是变速自行车,脚一蹬,飞快地跑远了。另一个同事骑的自行车不能变速,一时落在后面,被狗吓得慌手慌脚,幸亏有惊无险。这个情节成为他们那段生活里难忘的小插曲。

几个月过去了,袁隆平在回国途中路过旧金山,受到了当地华侨的热烈欢迎,被邀请到华侨商会座谈,到华侨家中做客。身在美国的华侨得知中国的杂交水稻技术走向世界,感到格外骄傲。杂交水稻在美国试种两年,增产显著。后来,袁隆平曾先后5次赴美国解决技术难题,还派他的助手尹华奇、李必湖、周坤炉等多次赴美进行杂交水稻的技术指导。

杂交水稻技术得到国际水稻研究所的高度重视,他们从1979年开始引进、种植中国的杂交水稻,并多次邀请袁隆平前往讲学。1980年和1981年,国际水稻研究所组织各国的水稻专家,在湖南农业科学院主办了两期杂交水稻国际培训班。1986年10月,世界首届杂交水稻国际学术研讨会在长沙召开,来自世界20多个国家的专家共200多人参加了这次盛会。

袁隆平先后应邀前往菲律宾、美国、日本、法国、英国、德国、埃及、澳大利亚等国家讲学,传授技术,让世界各地的人们分享丰收的喜悦。

袁隆平的伟大成就和宽广胸怀,不仅感动了中国,也感动着整个世界!

2006年4月,袁隆平当选美国国家科学院的外籍院士,成为中国工程院首位获得这一荣誉的科学家。2007年4月29日,袁隆平在美国华盛顿正式就任美国国家科学院外籍院士，并出席世界数百名顶级科学家参加的院士年会。

新院士就职典礼上，世界著名科学家、诺贝尔化学奖获得者、美国科学院院长西瑟罗纳先生逐一介绍新当选的院士，并宣读他们当选的理由。在介绍袁隆平院士的当选理由时，西瑟罗纳先生说："袁隆平先生发明的杂交水稻技术，为世界粮食安全做出了杰出贡献，增产的粮食每年为世界解决了7000万人的吃饭问题。"典礼结束时，西瑟罗纳先生特意走到袁隆平身旁表示祝贺。

一位美国科学家接受记者采访时高兴地说："袁隆平先生太有名了，他的加入，是我们的一种荣耀。"一位加拿大科学家热情地对袁隆平说："你的当选，提高了我们外籍院士的荣誉。"

40多年来，袁隆平始终站在杂交水稻研究领域的最前沿，引领着杂交水稻育种研究与应用的方向。在竞争激烈的科研领域，袁隆平能够长时期走在世界杂交水稻发展的最前列，称得上是科技史上的一个奇迹。

袁隆平具有不断创新的激情、勇气和灵感。他勇于否定自己，不断调整思路，把科研探索推向一个又一个新的境界。

袁隆平多次说过："我觉得，人就像一粒种子。要做一颗好种子，身体、精神、情感都要健康。种子健康了，我们每个人的事业才能根深叶茂，枝粗果硕。"

他数十年身体力行，作为一粒健康的种子，一粒生命力蓬勃的种子，让自己长成了科研领域的参天大树，创造出杂交水稻事业的蓬勃景象。

直到如今,每到南繁育种季节,他仍然和过去一样赶往海南岛,与工作人员一同吃住在实验基地。这个基地坐落在三亚市东郊荔枝沟。两层楼房像普通农舍一样,掩映在椰林丛中,椰子树之间扯起一根铁丝晾晒衣物。在那里没有职位高低之分,院士、研究员、博士、硕士都一起下田。

袁隆平招收硕士生和博士生,都要求他们下田劳动。他说,书本里、电脑上种不出水稻来,搞育种科研的人必须深入生产实践。

日常生活中,袁隆平爱好广泛,喜欢参与各种文体活动。

他忙里偷闲,携老伴去游泳池舒展身子。游泳时,少不了有几个小伙子一同前往。每当有年轻人提出要与他比游泳速度时,袁隆平总是兴致勃勃地接受挑战。比赛结果,无论蛙泳还是自由泳,小伙子们全都认输。

从一名普通的山区农校教师,到成长为誉满全球的"杂交水稻之父";从扎根田间的科研工作者,到成长为高科技时代的战略科学家,袁隆平创造了科技创新的奇迹。

现代社会,科学发展日新月异,科研领域人才辈出。但是袁隆平始终以敢于创新、善于创新、不断创新的科学勇气和科学精神,引领着世界杂交水稻育种研究和应用的方向。现在,他仍然不懈奋斗,心怀梦想。他希望

袁隆平在下棋

把杂交水稻技术推向更多的国家,造福世界人民。

跨入新的世纪,袁隆平当上了爷爷,有了两个可爱的孙女,名字都是袁隆平取的。大孙女名叫袁有晴,小孙女名叫袁有清。"晴就是太阳,清就是雨水,袁家有太阳有雨水,水稻自然会茁壮成长!"袁隆平连给孙女取名,都不忘水稻。

阳光雨露,风调雨顺,寄托着大地丰收的美好希望。

快乐之家